デジタルアーカイブ・ベーシックス

ひらかれる公共資料

「デジタル公共文書」という問題提起

福島幸宏 ［責任編集］

勉誠社

本書の趣旨と構成

責任編集者

福島幸宏

　本書『ひらかれる公共資料──「デジタル公共文書」という問題提起』は、デジタルアーカイブ・ベーシックス第2期の第3巻となる。シリーズのなかでの刊行とはなるが、これまでの第1期の5巻、第2期の2巻とはその性格を大きく異にする。これまでの7巻では、いままでにない問題整理や解決策の提示が行われている。しかし、そこで対象となった問題群(法制度、災害記録、自然史・理工系研究データ、アート、産業創造、知識インフラ、デジタル人文学)自体は、従来から解決されるべき課題として議論されてきたものであった。ベーシックスと銘打たれている由縁は、それら課題の論点をまとめ、議論を展開しているからこそであろう。

　それに対し、本書は副題の通り「デジタル公共文書」という新しい概念について問題提起しようとするものである。関係分野を含めても「デジタル公共文書(digital public document)」という言葉は耳慣れないであろう。この「デジタル公共文書」は、狭義の公文書のみならず、民間の文書も対象として、公共的に利活用可能な形で蓄積されるべきドキュメントと仮に定義した。その上で、本書の各論考でそれぞれの立場から検討を深め、終章で問題を整理し課題を提示している。つまり、本書は挑戦の一書で

ある。

　なお、通常であれば、この「本書の趣旨と構成」では、責任編集者とし
て各論考を位置づけ、読者のためには通読のためのガイドとすべきであ
ろう。しかし、挑戦の一書であるという本書の性格上、各章から新しい
概念を鍛え上げようとする責任編集者の営為は、終章でなされている。
そのため、ここでは掲載の各論考についての概説は述べない。その代替
にはならないと考えつつも、本稿執筆時点（2023年10月初旬）の代表的
な生成系AIであるChatGPT（GPT-4）に、本書の詳細目次から書籍の案内
を生成させてみた。

　　概要：
　　　本書は、デジタル時代における公共文書の取り扱い、管理、活用
　　に関する論点を探求します。各章で取り上げられるテーマは、公文
　　書管理、大学の情報公開、市民活動資料、情報基盤、ウェブアーカ
　　イブ、研究データの共有、パブリックヒストリーなど、多岐にわた
　　ります。
　　主要な内容：
　　序章　「デジタル公共文書」をめぐって――いくつかの論点：公共文
　　書とデジタル公共文書の違いや特徴、日本の公文書管理の現状や課
　　題などについて議論します。
　　第1章　公文書管理問題と電子文書化のゆくえ：行政改革や情報公
　　開法、公文書の電子化の動向について詳しく述べられます。
　　第2章　大学の情報をめぐる諸制度と取り組みの展開過程からみる
　　「デジタル公共文書」：大学の情報公開の沿革や大学情報のデジタル
　　化に関する取り組みを検討します。

第3章 「デジタル公共文書」と民間資料——市民活動資料の視点から：市民活動資料の重要性やデジタル化による影響、活用方法について考察します。

第4章 これからの情報基盤とデジタル公共文書——DX以降の社会に向けて：DX以降の社会の情報基盤とデジタル公共文書の関係や利用の展望について探求します。

第5章 ウェブアーカイブとオーラルヒストリーデジタルアーカイブ——海外の「デジタル公共文書」の先行事例として：海外の先行事例として、ウェブ上の公共文書のアーカイブやオーラルヒストリーのデジタルアーカイブに関する事例を紹介します。

第6章 研究データを公共空間に繋げる——データジャーナルによるデータ共有体制の構築：公共性の観点から見た研究データの共有方法や実践について詳しく解説します。

第7章 パブリックヒストリーから考える「デジタル公共文書」：デジタル公共文書とパブリックヒストリーの関係や実例、期待点について説明します。

終章 「デジタル公共文書」の議論と公共の再定義：デジタル公共文書の概念を基に、公共性の再定義やその意義について考察します。

　本書は、デジタル時代における公共文書の役割や価値、管理や活用方法など、多岐にわたるテーマを包括的に取り扱っています。公共文書の専門家だけでなく、行政、研究者、市民活動家など、さまざまな関係者にとって有益な情報や議論が含まれていると考えられます。

　思いつきの試みであったものの、通読のための簡便なガイドとしては、これで十分かもしれない。上記の生成系AIによるガイドを念頭に本書

の各章を読み進めていただき、終章での各章のまとめと論点の析出に、是非お付き合い願いたい。ともかくも「本書の構成」については終章に譲り、以下では本書に到達した経緯を整理して、「本書の趣旨」についての責めを塞ぎたい。

　本書の考え方をはじめて広く問うたのは、2019年6月11日に開催された、アーカイブサミット2018-2019の第2分科会として開催した「「官」に独占された「公文書(official document)」概念を捉え直す」と題したセッションである[1]。このセッションの趣旨説明は福島が行い、論点提起は本書第1章を担当した瀬畑源が担当し、ディスカッションは山川道子(プロダクションI.G)が進行した。ここでは、「「公文書」の概念を広げた「公共文書」」の提案を行った。その背景としては、政策決定に至るまでの官僚のメモや与野党間の法案修正協議は記録に残らず、さらに政策立案がシンクタンクやNPOなどの民間セクターに委託されることが近年は多く、民間の関わりが従来の公文書の範囲では見えにくくなっているという意識からであった。会場からは、大臣レクチャー資料や大臣答弁資料が組織内でも共有されていない、メッセージアプリでのやり取りが補足できない、現在の文書管理では残さないことにインセンティブが生じており、残すためのコストを丁寧に解決していく視点が重要、納本対象でない公共機関の文書については一定の基準を設けて収集する仕組みが必要、などという意見があった。

　ここでの議論を整理し、約1年後にあらたにデジタル環境の進展を主なターゲットに据えたセッションが行われた。それが、2021年1月12日に、東京大学大学院情報学環DNP学術電子コンテンツ研究寄附講座の主催で開催された「ラウンドテーブル「デジタル公共文書を考える—公文書・団体文書を真に公共財にするために—」」である。ここでは、趣

旨説明を柳与志夫（東京大学）が行い、基調講演を御厨貴（東京大学名誉教授）が行った。その後、「討議：社会インフラとしてのデジタル公共文書」として、生貝直人（東洋大学）、加藤諭（東北大学・本書第2章担当）、長坂俊成（立教大学）、林和弘（科学技術・学術政策研究所・本書第4章担当）、福島幸宏（東京大学・本書終章担当）、三木由希子（情報公開クリアリングハウス）、山川道子（プロダクションI.G）、山本唯人（法政大学・本書第3章担当）がそれぞれ登壇し、吉見俊哉（東京大学）の司会でラウンドテーブルを開催した（所属は当時）[2]。登壇者の顔ぶれからわかるように、本書の骨格はこのラウンドテーブルの時点で固まった。ここでの討議の記録から重要な点を摘記する。デジタル公共文書の定義はなるべく広く考えることが必要で、その上で政府との健全な緊張関係を持てない市民社会の問題、官僚も安心して情報公開できる仕組みへの言及があった。またデジタル化を前提とした発想として、日常活動や利活用のログを残すこと、意思決定の検証のために多様なデータを残す重要性などの指摘があった。そして、これらを達成するための、「協働」という観点の提出があった。この観点は本書の検討を経ても特に重要となる。公文書のみならず、企業・団体・大学・コミュニティなどが作成し、公共性が認められる文書が杜撰に管理されているが故に活用ができないとすれば、それは社会全体の責任となろう。それが適切に管理・運用されれば、政治的・社会的・学術的な情報源として非常に貴重なものとなる。そのため、あらゆるセクターに緊張関係を維持した「協働」が求められるのである。

　さらに本書の編集が進行していた2022年11月26日には、デジタルアーカイブ学会第7回研究大会の一環として「企画セッション7：DX化する社会とデジタル公共文書」を開催した[3]。このセッションの趣旨は「デジタルアーカイブ論の視点から「デジタル公共文書（digital public document)」という概念を提起し、その意義とその展開の可能性を考える」もので、「その際、利用者(市民、企業人、研究者等)の視点から、民間のものも含めた、公共的に利活用可能な形で蓄積されるべき「デジタル公共文書」を、新しい知識や社会生活、産業を生み出す源泉とするための方策を考える」とした。本書のコンセプトはこの段階で明確に固まったのである。このセッションには、序章の執筆者である古賀崇と終章を担当した福島幸宏が登壇した。ディスカッションでは、まず、アーカイブズや公文書管理法が対象としている「公文書」との差違がどのようなものか、という議論があった。この「公文書」と「デジタル公共文書」は位相の異なる概念であることは、前述の2021年のラウンドテーブルの議論が共有されていれば了解されるところである。この点、本書によって、よりその差違が意識されることを願う。なお、「文書」というワーディングではなく「情報」と整理することで、この差違に関する議論は回避されるという意見があったことは重要であろう。また、個人コンテンツも含めて情報が現状よりも広範に集積される場合、忘れられる権利との関係を整理することが重要ではないか、「"公共性が認められる"とは何か?」という議論が必要なのでは、など、「デジタル公共文書」概念を鍛えて行く上で、その組立の根幹にふれるような、貴重な示唆が多く得られた。これらについては、直接ではないものの、本書の終章でできるだけの回答を行おうと試みている。

　2019年6月からの4年以上の議論が、本書に集約されたことになる。産みの苦しみのなかで本書が成立したのは、これまでの企画に登壇いただいたみなさん、各企画で貴重な意見をいただいた参加者の方々、そしてなによりも責任編集者に根気よく付き合っていただいた執筆者のみなさんのおかげである。また、勉誠社の担当編集者の坂田亮氏、編集委員みなさんのサポートのおかげである。

新しい概念を提起するという性格上、本書には100%の失敗も100%の成功もないだろう。どこまでの成果があったかは、本書を通読した上でご判断いただきたい。しかしこのデジタルアーカイブという若い分野では、たまには乱暴な投企も許される。デジタルアーカイブ・ベーシックスの発刊にあたって、当時デジタルアーカイブ学会の会長であった長尾真は「デジタルアーカイブは新しい分野であるので、その振興、その利用法、権利問題などに関して整備すべき法律や組織なども多く、学問世界だけでなく、国や産業界、一般社会に働きかけてゆくべきことが多くあります」と述べている[4]。本書が、新しい分野からの一般社会への働きかけの一端を担えるとすれば、それにすぐる喜びはない。

注
1)　井上奈智・眞籠聖(2019)「アーカイブサミット2018-2019＜報告＞」『カレントアウェアネス-E』374.(https://current.ndl.go.jp/e2167)(最終アクセス：2023年10月10日)
2)　福島幸宏(2021)「ラウンドテーブル「デジタル公共文書を考える」＜報告＞」『カレントアウェアネス-E』413.(https://current.ndl.go.jp/e2386)(最終アクセス：2023年10月10日)
　　編集事務局(2021)「特集　ラウンドテーブル「デジタル公共文書を考える─公文書・団体文書を真に公共財にするために─」」『デジタルアーカイブ学会誌』5(2).
3)　福島幸宏(2023)「現地企画セッション(7)「DX化する社会とデジタル公共文書」」『デジタルアーカイブ学会誌』7(2).
4)　長尾真(2019)「シリーズ発刊にあたって」『デジタルアーカイブ・ベーシックス1　権利処理と法の実務』勉誠出版.

［もくじ］

本書の趣旨と構成
福島幸宏……(003)

［序　章］
「デジタル公共文書」をめぐって
──いくつかの論点
古賀崇……001

［第 1 章］
公文書管理問題と電子文書化のゆくえ
瀬畑源……025

［第 2 章］
大学の情報をめぐる諸制度と取り組みの展開過程からみる
「デジタル公共文書」
加藤諭……044

［第 3 章］
「デジタル公共文書」と民間資料
──市民活動資料の視点から
山本唯人……065

［第 4 章］
これからの情報基盤とデジタル公共文書
──DX 以降の社会に向けて
林和弘……085

［第 5 章］
ウェブアーカイブとオーラルヒストリーデジタルアーカイブ
──海外の「デジタル公共文書」の先行事例として
武田和也……099

［第 6 章］
研究データを公共空間に繋げる
──データジャーナルによるデータ共有体制の構築
南山泰之……133

ひらかれる公共資料

[第 7 章]
パブリックヒストリーから考える「デジタル公共文書」
菊池信彦……152

[終 章]
「デジタル公共文書」の議論と公共の再定義
福島幸宏……172

執筆者一覧……193

ひらかれる公共資料

序　章

「デジタル公共文書」をめぐって
——いくつかの論点

古賀　崇

1　はじめに

　本章は、『ひらかれる公共資料——「デジタル公共文書」という問題提起』と題する本書において、総論的役割を果たす序章として、本書の内容のすべてをカバーできるわけではないものの、「デジタル公共文書」をめぐる問題提起の一環を成すと考える論点を提示することとしたい。具体的には、以下のような点について記述する。

　(1)「官」の立場で取り扱う「公文書」、あるいは法規類に定められた「公文書」に限らず、「アーカイブ」として多くの人々に共有・継承されうる文書・記録・データ類を「公共文書」として捉え直す必要性。あわせて、デジタル環境における公共文書のアーカイブについて、その意義と課題を考える必要性。

(2)日本の昨今の「公文書問題」の傍らで進行している「オープンデータ」の発信とその流通・利用の実情をもとに、「官」の側からの情報発信のあり方を考える必要性。

　(3)「民」ないし個人の側がもつ文書、特にデジタル上のものにつき、「デジタル遺産・デジタル相続」をめぐる関心と実践の高まりを契機として、「追悼・祈念」のためのデジタルアーカイブの構築、および部分的であれ、その公共へのアクセス体制の整備を進めることが、「デジタル公共文書」の意義を高める可能性。

　(4)(1)(2)(3)をよりよく実現するために、システムの構築の仕方についても、国外での先例を含め、検討を進める必要性。

2　「公共文書」「デジタル公共文書」の射程について

　そもそも、本書ではなぜ「公共文書」という名のもとで、さまざまな文書・情報や、そのデジタルアーカイブを論じるのか。この「公共文書」という名称は、2017年初頭より、日本において「南スーダンPKO日報問題」「モリカケ問題(森友学園・加計学園問題)」として政治問題化し、その前後においても日本の国や地方での——行政機関のみならず裁判所でも——ずさんな管理が問題視されてきた、「公文書」の管理の問題について、より広範な観点から論じる、という意図をもつものと言える。その端緒となったのは、2019年6月に東京都にて開催された「アーカイブサミット2018-2019」の中の第2分科会であり、その標題「「官」に独占された「公文書(official document)」概念を捉え直す」が、まさにこうした意図を反映している。この分科会では、本書にて別途寄稿している瀬畑源が、

「公共文書」という概念を提唱した。瀬畑はその背景として、次のような問題意識を示した[1]。

現在の公文書管理法は、行政府の文書しか保存対象にしておらず、立法府・司法府の記録は抜け落ちているという課題がある。また、政策決定に至るまでの官僚のメモや与野党間の法案修正協議は記録に残らないという。近年は政策立案がシンクタンクやNPOなどの民間セクターに委託されることもあり、民間の関わりが従来の公文書の記録では見えにくくなっている課題もある。

その後、東京大学大学院情報学環にて2015年11月から2021年10月まで時限的に設置されたDNP学術電子コンテンツ研究寄付講座が、「デジタル公共文書を考える——公文書・団体文書を真に公共財にするために——」と題するラウンドテーブルを、2021年1月に開催した。ここでは、上記のような瀬畑の問題提起からさらに視野を広げ、以下のような意図で、「デジタル公共文書(digital public document)」という概念と、それを取り巻く課題が論じられた[2]。

今後のデジタル環境の整備を見越して、これまで行政や企業・団体で行われてきた資料や情報の「保存と廃棄、デジタル化活用」の問題があり、一方で日々大量に産出されるデジタル情報の保存と活用をどうするかという問題があります。この問いの対象は、立法府・司法府の記録、政策決定に至るまでの官僚のメモや与野党間の協議書類のみならず、企業や大学、またシンクタンクやNPO等の民間セクターまで広がる、ガバナンスの公共性をデジタル環境下にどのように担保していくかです。利用者(市民、企業人、研究者等)の視点

から、公共的に利活用可能な形で蓄積されるべき「デジタル公共文書」を、新しい知識や社会生活、産業を生み出す源泉とするための方策を考えることは喫緊の課題と思われます。

　本書もまた、こうした従前の企画を踏まえ、広範囲にわたり「公共文書」ないし「デジタル公共文書」を論じるものとして刊行される。そこには、以下2つの意図が込められていると、筆者は解釈している。

　(1)「公文書」の管理につき、単に公文書管理法・同条例や、それに関連するガイドライン等の改正および運用の問題にとどめるのではなく、DX(デジタル・トランスフォーメーション)の必要性が盛んに叫ばれるデジタル環境下で、「公」「公共」や「官」のあり方自体を検証できるしくみづくりにつなげる必要がある。ここでの「しくみ」は、アーカイブを含めた技術に加え、統治ないし「ガバナンス」のあり方も含むものである。

　(2)「公文書」から「公共文書」へと視野を広げることにより、「「官」に独占された「公文書」」の問題を論じるにとどめず、官と民との関係――それは「民から官へ、ないし官から民への監視」もあれば「官民協働」もあり得る――を問い直す契機を創出することにつながる。

　本書はさまざまな領域の研究者や実践者が、それぞれの立場で「公共文書」を論じる。そのため、本書全体にわたる「公共文書」ないし「デジタル公共文書」の統一的な定義を掲げ、そのもとで各章の執筆を求めるのは困難なものと見込まれる。さしあたり筆者としては、「公共的課題を遡及的に検証するために、長期間にわたる保存と利用(一定の秘匿期間やアクセス制限が不可避なものを含め)が求められる文書」を「公共文書」

と定義し、その中でもデジタル環境に特有の可能性と課題をはらむもの
を「デジタル公共文書」としておく。

　なお、ここでの「文書」は、「特定の個人や機関がその活動の過程で特
定の相手に向けて作成した記録」[3]という、狭義の「文書」にとどまらず、
従来の文書の書式からは外れるSNSやメッセンジャーツール上のメッ
セージ、さらには不特定多数の相手に向けて公刊ないし発信される刊行
物・データ・情報も含むものとして、定義しておく。

3　日本の「官」の立場でのオープンデータをめぐる現状

　2で述べたように、日本での公文書管理をめぐる問題を出発点として、
「デジタル公共文書」という問題設定が成され、本書の刊行に至った。そ
の何よりの出発点たる「公文書管理」については、本書では瀬畑の論考
（第1章）に譲る。本章のこの節では、公文書管理と表裏一体の関係にあ
る、日本の国・地方自治体によるオープンデータ、あるいは「官」の立場
でのオープンデータについて、その政策や実情の面の検証を試みたい。
ここで「表裏一体」と述べたのは、「管理の不徹底」や「文書自体の不作成
や改ざん」などが問題とされてきた公文書の問題の一方、オープンデー
タの名のもとで、国・地方自治体が持つ各種のデータの公開が進められ
てきたものの、その公開のあり方や意図は、公文書の問題と同様、「官」
や「公共」「ガバナンス」のあり方を問う事態となっているからである。

　2017年に国の高度情報通信ネットワーク社会推進戦略本部（IT総合戦
略本部）・官民データ活用推進戦略会議にて決定された「オープンデー
タ基本指針」では、以下3点いずれも満たす形で公開されたデータを、
「オープンデータ」と定義している[4]。

① 営利目的、非営利目的を問わず二次利用可能なルールが適用され
　　たもの
② 機械判読に適したもの
③ 無償で利用できるもの

　日本における「官」の立場でのオープンデータをめぐる政策動向につい
ては、行政法学者としての長年の活動を経て最高裁判所判事に転じた宇
賀克也が、海外の関連政策にも触れつつ、2019年までの経過を詳細に
まとめている。宇賀は、2009年の経済産業省などでの取り組みを、オー
プンデータ政策の草創期と位置づけているのに加え、2011年の東日本
大震災を受けての避難所やその地図などに関する行政からの情報提供が、
PDF、JPEGなどのフォーマットで成されたため、スムーズな機械可読
形式でなく情報活用の余地が小さかったことが、オープンデータの必要
性を迫る契機となった、としている[5]。後述する「震災・災害アーカイ
ブ」と同様、東日本大震災は、日本におけるデータやデジタルアーカイ
ブをめぐる政策転換について、結果的とは言え大きな契機となったこと
は示唆的である。
　一方、弁護士の板倉陽一郎は、日本における「官」の立場でのオープン
データ政策の発展過程と、その政策の根拠法として2016年に制定され
た官民データ活用推進基本法の制定過程を検証した。その中で、まず板
倉はこうした政策に関する方針等の文書や法の条文において、上記の
「オープンデータ基本指針」を除き、オープンデータの明確な定義自体が
ないこと、特に政策の骨格となるはずの官民データ活用推進基本法にて、
オープンデータの定義が欠落していることを指摘する。また、オープン
データ政策の過程を通じ、2009年以降の草創期は国民主権・国民参加・
直接民主制の観点が、方針等に明確に打ち出されていたものの、2012

年を境に、次第にこうした観点は薄れ、「ビジネスや公共サービスでの利用」をオープンデータ促進の目的に掲げるなど、関連方針等において、オープンデータの意義や目的は「国、政府、行政を主語とした、政府側のためにあるかのような記述へと、変化してきている」と論じている。官民データ活用推進基本法についても、第1条として掲げられた「国民が安全で安心して暮らせる社会及び快適な生活環境の実現に寄与すること」という同法の目的を、「警察国家の側面と福祉国家の側面を併せたような記述」と評している[6]。

　現に、日本のオープンデータについては、官民協働を行いやすいもの、あるいは「民の立場からの官の監視」や「政治問題・政治論争」にはつながりにくいものが主流を占めている。「民の立場からの官の監視」につながる例としては、米国で2004年から公開されているGovTrack.usがある。これは米国連邦議会にかかわる、議員のデータや、提出法案や議題への賛否のデータがオープンデータとして発信されているのをもとに、議会活動を検証するための情報を可視化するしくみである。ここでは、議員単位での議題への賛否への傾向や、個々の法案に関する賛否、また所属党派の方針に対する造反の度合いなど、グラフなどで分かるようになっている[7]。こうした動向の背景には、岡山裕が論じる通り、米国では「情報公開法」あるいは「情報自由法」（Freedom of Information Act: FOIA）の制定と運用も背景としつつ、1970年代より党派的なものを含めて政府監視団体が活発に活動している状況がある。特に近年は情報技術を活用しつつ、「政府の保有するデータの体系的な収集と公開に力点を置いた「データベース型」」の政府監視団体が存在感を示している、と岡山は指摘する[8]。GovTrack.usを運営しているCivic Impulseは合同会社（LLC）の形態をとり、広告収入およびクラウドファンディングに収益源を限定している（政党・企業や非営利団体などからの助成は受けていないとす

る）が、「データベース型」の政府監視団体のひとつと位置づけることができる。

　日本においても、公開されているデータを、「官」以外の立場で整理・集約し発信する取り組みも見られるが、地方自治体の条例や議事録など、発信方法が統一されていない情報を整理し直す側面が強く[9]、GovTrack.us のように、「官」の活動をより深く分析するしくみを自ら備えるものとは言いがたい。ただし、オープンデータをもとに「税金の使い道」を検証するウェブサイトはいくつか存在し、これは政府・行政の監視の取り組みに含められるかもしれない。一例としては、政策シンクタンク「構想日本」や日本大学文理学部情報科学科・尾上洋介研究室などが共同運営する「JUDEIT！（ジャジット！）」がある[10]。また、「あなたが払った税金が1日あたりどこにいくら使われてるかを知る市民主導のプロジェクト」とうたう「税金はどこへ行った？（Where Does My Money Go？）」は、2012年頃は各自治体版が多く作られていたものの、その後は活動の衰退とサーバの停止で多くのサイトが見られなくなっているが、2021年に「つくば市版」を立ち上げ、活動を再開している[11]。

　このほか、日本では「シビックテック」[12]や「アジャイル・ガバナンス」[13]という名で、官・民の双方から提供されるデータを活用しつつ、一般市民を含めた多くの関係者（ステークホルダー）が、情報技術を活用しつつ、柔軟性（アジャイル）のある新たな統治（ガバナンス）のあり方を構築することも期待されており、2021年に国に新設されたデジタル庁もその一翼を担うものと位置づけられている。しかし、官および民の立場から提供されるデータ自体が、どれほど信頼の置けるものか、あるいはどこまで「エビデンス」として足るか、という検証も必要であり、湯淺墾道が論じる通り、官民のデータと公文書管理のあり方をつなげて考察を深めることも求められる[14]。あわせて、オープンデータを通じた新

たな公共性の構築が「シビックテック」「アジャイル・ガバナンス」の名で
進められている反面、1990年代半ば頃からのインターネットの普及期
から懸念が表明され続けている「デジタル格差(デジタル・デバイド)」が、
市民に対しても、あるいは政府で働く人々にもどのような形で生じるか、
またそれをどのような形で解決するか、も大きな課題と言える。

　なお、国・地方自治体におけるオープンデータとその活用をめぐる、
より具体的な実情や、学術研究の面でのオープンデータ、また海外の事
例などについては、本書所収の他の関連論考もあわせて参照いただきた
い。

4　「民」のデジタル文書から、「公共」のデジタル文書へ──
「追悼・祈念」をキーワードとして

　さて、日本の「官」の側では、以上のような状況が見られる一方で、
「民」ないし個人の側でも、「デジタル公共文書」とそのアーカイブにつな
がる可能性を帯びる、興味深い動向が近年見られる。すなわち、「デジ
タル遺産」あるいは「デジタル相続」のことである。なお、ここでの「デジ
タル遺産」とは、社会から広く認識された「デジタル遺産(デジタル・ヘ
リテージ)」ではなく、あくまで個人として遺族に相続される遺産のこと
である。英語圏でいう「デジタル・ヘリテージ (digital heritage)」は、日
本で理解されているデジタルアーカイブないし「デジタル文化財」に近い
意味をもつことがあり、この点には注意が必要である[15]。

　デジタル遺産・デジタル相続をめぐっては、ここ数年で、一般向けの
解説書も、また専門家による解説書や論考も、日本ではかなりの数が刊
行されている。この中では、電子マネーや暗号通貨といった、直接に金
銭的な価値をもつものから、SNSにアップされてはいるものの公開され

ていない(アクセス対象が限られている)文章・写真・動画などの記録も対象とし、遺族としてこれらをどのように継承するか、あるいは被相続者として「見られたくない記録」をいかに「隠し通す」(言い換えれば「墓場まで持って行く」)か、につき、さまざまな側面から解説が成されている[16]。

　もっとも、こうした動向は、家族ないし相続者・被相続者の間に限られた金銭的な「遺産相続」にとどまるものではない、と筆者は考える。つまり、デジタル遺産となるものの対象には、個人的な経験や感慨を反映した記録が含まれる。またその記録は「ある時代」を反映したものとして、「公共」の場にて共有され得るものを含む。言い換えれば、従来は紙の文書、「紙焼きの写真」とそれを集積するアルバム、「遺物」などが、家族や知人らの間で私的な「追悼・祈念」を超えて、地域ほか不特定多数の人々の間での「追悼・祈念」の対象となり、あわせて民間の歴史資料ないしアーカイブのもつ公共性も論じられてきたが[17]、それがデジタルのものにも当てはまる、ということである。とりわけ、最初からデジタル形態で作成された「ボーン・デジタル」の記録については、故人となった人物に関するSNSなどのデジタル・サービスに関するアカウントの措置など、適切な措置を行わなければ、消滅の可能性が高い、という問題が、上記の解説書や論考でも認識されている。

　こうした動向や問題につき、デジタルアーカイブの観点では、「パーソナルデジタルアーカイブ」といったテーマで論じられている。塩崎亮はこのテーマに関する研究を継続しており、例えば2020年の論考では、「個人のデジタル情報の保存」は、個人本人や家族・友人のみならず、社会的価値をももたらしうることを論じている。本書において、菊池信彦(第7章)や武田和也(第5章)が論じる「パブリックヒストリー」ともかかわるが、「より多様な声を、特に抑圧され阻害(ママ)されている人々を

も含めた記録を残すことにより、我々の集合的記憶や歴史の形成にその声を反映させることが可能となる」という点も、ここでの社会的価値に含まれると、塩崎は述べる。しかし、「個人のデジタル情報の保存」の実践に際しては数多くの課題も存在する。そのひとつは、「個人のデジタル情報の保存」のために、国立図書館やその他の図書館、あるいは文書館等を含めた「記憶機関」など、組織の介入がどこまで許容されるか、という点である。加えて、すでに図書館などでのアクセス提供を含めた実践事例が見られる「著名人等の一部個人により管理された公開・非公開のデジタルコレクション」に比べ、これまで図書館等での取り組みがなかった「一般個人により集積された公開コンテンツ（ソーシャルメディア）」の保存・管理にはより多くの、また複雑な課題があると塩崎は指摘する。端的には次のように述べている[18]。

　　[引用者注：上記の後者のようなコンテンツの集積は]ある期間、ある集団において何が語られていたかを包括的に分析する上での貴重な情報源となりえるかもしれない。ただし、対象が網羅的になればなるほど、誤った情報や違法な情報まで含まれる可能性を排除できない。機微情報を含め、ある程度は機械的に特定できるようになったとしても、特に公的な組織がそれらを収集・保存、さらには不特定多数の私的な情報を第三者に提供するとなると、法制度化含め、社会的合意を得るには相当の困難が生じると予想される。

　塩崎が論じるように、SNS上の公開コンテンツに限らず、公開を前提としていなかった（個人のアカウントのもとで、アクセスが制約されている）デジタル記録を含め、確かに「対象が網羅的になればなるほど」、個人のデジタル情報の保存、さらにはそれへの公的なアクセスをめぐっ

ては、大きな課題が避けられない。この点については、デジタル機器上の情報・データの復元の手法であり、またその目的に「調査や捜査の目的の達成に必要な情報を得ることができる」ことと「手順が不適切で証拠として採用され得ないことがないようになっている」ことの両面をあわせもつ、「デジタル・フォレンジック」(デジタル鑑識、電子鑑識などとも呼ばれる)のあり方にも、注意を払う必要がある[19]。デジタル・フォレンジックについても、北米ではパーソナルデジタルアーカイブなどの運用に際し、実践の蓄積が見られる[20]。なお、これらのデジタル情報の管理・保存に関する近年の研究や実践の動向については、橋本陽がまとめている[21]。

　ただ、特定の出来事に関し、「追悼・祈念」のよすがとなる私的な記録や情報を幅広く共有すること、またその広範なアクセスについて社会的合意を得ることは、一定程度は可能とも言える。そのひとつが、災害や事件をめぐるアーカイブである。英語圏で「参加型アーカイブ(participatory archives)」と呼ばれるデジタルアーカイブ(あるいは複数のデジタルアーカイブから、特定のトピックのもとで取りまとめたポータルサイト)の一種も、その例として位置づけられる[22]。具体例としては、2001年9月11日の米国同時多発テロ事件に関する "The September 11 Digital Archive"[23]や、2013年4月15日のボストンマラソン爆弾テロ事件に関する "Our Marathon: The Boston Bombing Digital Archive"[24]が含まれる。

　日本において、こうした「追悼・祈念」のためのデジタルアーカイブの契機となったのが、2011年3月11日(3・11)の東日本大震災である。公的機関等による具体的な取り組みとしては、国立国会図書館の「国立国会図書館東日本大震災アーカイブ(ひなぎく)」[25]、一般社団法人「協働プラットフォーム」が運営する「311まるごとアーカイブス」[26]などがあ

る。あわせて、「3・11」以降のものも含め、こうした「震災・災害デジタルアーカイブ」の維持と活用をめぐる課題も、さまざまなところで論じられており、その一端は本書に先立つ「デジタルアーカイブ・ベーシックス」の第1期・第2巻として刊行された『災害記録を未来に活かす』にも反映されている[27]。

　一方、青山太郎は東日本大震災に関する映像メディアや映像作品に焦点を当てた著作『中動態の映像学』において、「ひなぎく」「311まるごとアーカイブス」など、日本の公的機関が主導する現状の震災デジタルアーカイブに対し、主に以下の2点について批判する。

　　・すでに存在する映像等の記録を前提としてアーカイブの構築・運営を行う一方で、収集対象とされる記録の作成方法や、記録する主体のあり方(どのような立場で、またどのような方法で記録を行っているか)に深い注意を払っていない。
　　・アーカイブやその中の記録につき、「防災・減災」「より安全で安心な暮らし」といった、特定の政治的・工学的目的に沿う利用が主に想定されている。ここでも、被災者や記録主体が、どのように記録やアーカイブを用いるかの多様性が捨象されがちである。

　青山はこうしたデジタルアーカイブと対照的な取り組みとして、「せんだいメディアテーク」(宮城県仙台市)を活動基盤としつつ市民が主体となり運営する「3がつ11にちをわすれないためにセンター」(通称「わすれン!」)を検討対象とする。その上で、以下のように、東日本大震災をめぐる映像とそのアーカイブ、さらにそこから派生する活動の現状をまとめている(強調は引用者)[28]。

東日本大震災をめぐっては、報道機関を筆頭とするマスメディア、インターネットメディアを用いる個人、そして種々の組織によるデジタルアーカイブ・プロジェクトが相互に参照し合うかたちで、「震災」の紋切り型のイメージを強力に再生産する映像群の布置が形成されてきた一方で、その間隙にさまざまな草の根の活動が一種の亀裂として介在している。その中でも「わすれン！」を中心としてきた活動や理念はさらにその周囲に拡散・展開・派生していき、各地のミニシアターやギャラリー、映画祭や美術展、あるいは大学といった装置と結びつき、新しい公共的な学びの場を形成しつつある。

　青山のこの記述は、本書で論じる「公共文書」のひとつのあり方を示唆するように、筆者は思う。すなわち、公共文書たり得るものは、文書・文書群それ自体で完結するものではなく、また特定の「紋切り型のイメージ」の再生産を促すにとどまるものではなく、さらに特定の目的に限られた利用に絞られるものではなく、さまざまな人々がさまざまな立場で利用するという「公共性」を担保するもの、と言えそうである。加えるならば、3で述べたような、オープンデータに基づく「シビックテック」「アジャイル・ガバナンス」こそ、日本では「官」の立場で「特定の政治的・工学的目的」をもともと想定しており、青山のいう「公共的な学びの場」はそれを超えるものとして位置づけられうるのである。

　「追悼・祈念」に話を戻すと、例えば村上興匡、西村明らによる『慰霊の系譜』に収録された各論考に目を通せば、日本では中世から、近代の戦争期、そして現代にかけても、「誰を、どのように追悼・祈念するか」は、私事、「家」の事、地域の事、地域に限られない公共の事、そして「官」あるいは「お上（おかみ）」の事、を往還することである、ということ

が見て取れる。同書では、東日本大震災などの近年の災害や事故に対する被災者・罹災者については、その文書・記録やアーカイブというより、慰霊碑や追悼行事のあり方を、検討の中心にしている[29]。とは言え、前述のように塩崎がいう「より多様な声を、特に抑圧され阻害(ママ)されている人々をも含めた記録」をもとにした追悼・祈念のあり方について、同書での記述、あるいは記述から抜け落ちていることから、考察の契機が生まれるように思う。前述したデジタル遺産・デジタル相続について積極的に著作を発表している古田雄介は、デジタル環境下での追悼・祈念についても、多くの具体的事例をまとめており、あわせて参考になりうる[30]。

　また、青山のいう「特定の政治的・工学的目的に沿う利用」に限られない、死者のデジタル記録をめぐる「公共性」を示唆するものが、『RE-END』という、多方面の関係者が寄稿した書籍にも示されている[31]。すでに、死者の過去の記録をもとにして、AIなどを駆使しつつ、立体CGの形であたかも生者として——もし幼少期に亡くなったのであれば、成長した姿を想定することも含めて——「蘇らせる」試みも日本内外で行われており、その試みの一端も同書に反映されている。こうしたことも含め、個人が残し、あるいは個人のPCやスマホなどから復元されたデジタル記録や、その活用のあり方は、「特定の政治的・工学的目的に沿う利用」にとどまらず、また著作権、肖像権、プライバシーといった法・法学や権利をめぐる問題にとどまらず、民俗学や宗教学も含めた課題になり得ることを、同書は示唆している。

　とりわけ、2020年初頭より世界的に深刻な影響をもたらしてきた「新型コロナウイルス(COVID-19)」の影響も踏まえ、デジタル公共文書の扱いをめぐる今後の指針に含まれると言えそうな記述を、『RE-END』から紹介しておきたい。ひとつは、盆踊りなど死者への弔いのために各地で

継続されてきた「祭り」を踏まえた、民俗学者・畑中章宏のものである[32]。

　このコロナ禍に各地で現出しているにもかかわらず、制度的に、あるいは意識的に隠蔽されている浮かばれない死者たちを、オオヤケ＝公共性に結びつけるにはどのようにすればよいのだろうか。(中略)浮かばれない死者たちは、どのような場面でも「祭り」への参加を期待している。しかし、閑却や忘却は日常を過ごす生者たちの特権でもあるのだ。そんなとき死者と生者をつなぐ観念、感情は「うしろめたさ」なのではないか。一方は忘却を許し、もう一方は期待に応えられないことを悔やむという関係性のなかにしか、死者をめぐる公共性は生み出しえないように思える。

　もうひとつは、情報社会学者・折田明子の記述である[33]。これは、折田自身らが実施した「死後のプライバシー」をめぐる意識調査や、前述の『災害記録を未来に活かす』でも紹介された、渡邉英徳らの「記憶の解凍」の取り組み、すなわち白黒写真のアーカイブをカラー化することによって、過去の出来事を当時・現在および将来の人々にも、より実感をもって認識させることを促す取り組みを踏まえてのものである[34]。この記述をもとに、前述のように塩崎が掲げた「公的な組織の介入」などの課題とも照らし合わせて、「新たな枠組みを考えていく必要がある」と言えよう。

　ごく個人的なつぶやきや、日常的な写真の断片であっても、100年後の人々はそこからさまざまなものを再構成し、何かを読み取るかもしれない。故人の個人的なデータは、歴史的な価値を持つ史料になる可能性があるのだ。直近の出来事については故人だけでな

く、生存する関係者のプライバシーを守らねばならないし、削除したいという遺志は尊重すべきではある。しかし、たとえば著作権に倣って、ある程度の年数は故人のデータにアクセスできない状態でアーカイブし、その期限が切れた際には閲覧ができるといったことを考えられないだろうか。個人のレベルで残したい、消したいということと、100年後に向けて史料を残していくことをどのように両立するか。新たな枠組みを考えていく必要がある。

　筆者として付言するならば、上記の青山の著作や『RE-END』に示されているように、アーカイブをめぐる議論や実践が、狭義の（あるいは個々の分野の）専門家にとどまらず、広く開かれていることが、アーカイブの公共性を物語るものであり、それは個々人がさまざまな情報を作成し発信するデジタル時代に一層当てはまる、と言えないだろうか。

5　デジタル公共文書の「システム」をめぐる事例

　2で前述した2021年のラウンドテーブル「デジタル公共文書を考える」では、「デジタル公共文書」が「新しい知識や社会生活、産業を生み出す源泉」となり得ることを示唆した。この点についても、わずかではあるが、米国の状況を例に取り、本章にて触れておきたい。
　広く知られている通り、米国では「フェアユース」という、著作権を制限するための独自の法規定に基づき、非営利団体のInternet Archiveが、官民といった出所や国を問わず、公開されたウェブサイトのコンテンツを、完全に網羅的とは言えないにせよ、幅広く保存し、「ウェブ・アーカイブ」として公開している。これと並び、大学や地域の文書館といった個々の機関も、公開されたツイートなどを含め、自機関がウェブ上で

発信したコンテンツや、地域でのコンテンツにつき、ウェブ・アーカイブの構築が活発である。特に2020年初頭からのCOVID-19の影響に対し、自機関や地域でどのような対応や情報発信を行ったか、をアーカイブとして保存し、将来の利用につなげるため、ウェブ・アーカイブの構築を進めるところが多い。こうしたニーズに対応するウェブ・アーカイブのための商用システムも、各社より売り込みが図られている。例えば、米国ボストンに本社を置くPreservica社は、"Preservica Starter"という名で、個々の機関にてウェブ・アーカイブを容易に構築できるシステムを売り込み、活用事例も積極的に広報している[35]。

　もうひとつ、米国で興味深い動向として挙げられるのが、社会運動のアーカイブを目的に掲げるDocumenting the Now（略称DocNow）である。これは、「公的なアーカイブからはこぼれ落ちやすい、ソーシャルメディアなどのボーン・デジタル情報」を主な対象とし、そのスムーズなアーカイビングを可能にするためのオープンソースのソフトウェアを開発し提供するのに加え、アーカイビング活動や社会運動家らをまじえての企画なども積極的に実施している[36]。DocNowの活動は、もともとは2014年にミズーリ州で黒人男性が白人男性警官による取締行為の中で死亡した事件を契機に始まっており、2020年にミネソタ州で発生した同種の事件、すなわちジョージ・フロイド（George Floyd）殺害事件を契機に、全米で広く展開された"Black Lives Matter"（黒人の命が大事だ、BLM）運動においても、広く注目された[37]。

　DocNowの取り組みとして、上記に加え、以下2点を特に取り上げておきたい。

　　・Documenting the Now Ethics White Paper：2018年に発行。DocNowの運営者が、自らの活動の意義を示すと同時に、「社会運動のアーカ

イブ」にまつわる、倫理面などのさまざまな課題を提示している[38]。
・The DocNow Catalog：米国外のものを含め、「公開ツイートのデータセット」として各地・各機関でまとめられたものの一覧[39]。塩崎は、前述のものとは別の論考で、「法制度に基づく［引用者注：公開ツイートの］集中的な収集・保存が現実的でないとするならば、分散的にデータセットが各所で保管される状況に期待するほかないかもしれない」と述べつつ、「分散的な保管」にかかわる参考例として、このカタログを挙げている[40]。

　なお、DocNowと同様に、社会運動に特化したアーカイブの例としては、同じく米国で、女性へのセクシャル・ハラスメントへの告発として2017年より注目を浴びた#MeToo運動についてのアーカイブを構築・運営する、ハーバード大学シュレジンガー図書館の"#metoo Digital Media Collection"がある。この活動もDocNowを参考にしつつ、Internet Archiveが提供するウェブ・アーカイブのためのツール"Archive-It"など、さまざまなオープンソースのソフトウェアを駆使しながら、アクセス制御の点も組み込んだ、ツイートなどのデジタルアーカイブの構築に努めている[41]。
　このように、「デジタル公共文書」を、持続的・長期的に保存し、また前述4での折田の記述のように対象や時期にかかるアクセス制限を考慮しつつ、いずれは広く「公共」のための利用につなげるシステムの構築も、求められている。この点は、システムの構築や運営にせよ、デジタル公共文書のアーカイブからの活用事例にせよ、上記のような「新しい知識や社会生活、産業を生み出す源泉」にもつながるはずである。ただし、日本でこうした「源泉」のもとで、新たなものを生み出すためには、米国のようなフェアユースの規定は困難だとしても、著作権などの法制度の

改正、あるいはガイドライン等を通じた一定範囲内での柔軟な法運用も、あわせて求められるだろう[42]。

6　おわりに

　以上、本章では「官からのオープンデータ」「追悼・祈念と公共性」「システム」の面から、デジタル公共文書とそのアーカイブについての考察を試みた。本章で伝えきれなかった側面もあるが、序章ないし総論としての本章、また本書のさまざまな論考が、デジタル環境下での公共文書とアーカイブのあり方、ひいては「公共」のあり方をめぐり、多方面からの議論を触発するきっかけとなれば幸いである。

　※本章はJSPS科研費JP19K12708による成果の一部である。

注
1)　井上奈智・眞籠聖(2019)「アーカイブサミット2018-2019＜報告＞」『カレントアウェアネス-e』(374).(https://current.ndl.go.jp/e2167)(最終アクセス：2023年6月29日)
2)　編集事務局[デジタルアーカイブ学会誌](2021)「ラウンドテーブル「デジタル公共文書を考える——公文書・団体文書を真に公共財にするために」」『デジタルアーカイブ学会誌』5(2).
3)　日本図書館情報学会用語辞典編集委員会編(2020)『図書館情報学用語辞典』第5版,丸善出版,224.
4)　現行の「オープンデータ基本指針」は下記に掲載。デジタル庁「オープンデータ基本指針(平成29年5月30日　IT本部・官民データ活用推進戦略会議決定　令和3年6月15日改正)」(https://www.digital.go.jp/resources/open_data/)(最終アクセス：2023年6月29日)

5)　宇賀克也(2019)『情報公開・オープンデータ・公文書管理』有斐閣. 特に「オープンデータ政策の展開と課題(第10章)」269-317.

6)　板倉陽一郎(2020)「「オープンデータ」の政策過程」『都市問題』111(8).

7)　GovTrack.us(https://www.govtrack.us/)(最終アクセス：2023年6月29日)

8)　岡山裕(2015)「アメリカの政府監視団体の政治過程——利益団体政治の視角から(第9章)」『アカウンタビリティ改革の政治学』高橋百合子編, 有斐閣, 253-276.

9)　以下のような例が挙げられる。条例Webアーカイブデータベース(https://jorei.slis.doshisha.ac.jp/)(最終アクセス：2023年6月29日). 地方議会会議録コーパスプロジェクト(http://local-politics.jp/)(最終アクセス：2023年6月29日)

10)　JUDEIT！(ジャジット！)(https://judgit.net/)(最終アクセス：2023年6月29日)

11)　税金はどこへ行った？(Where Does My Money Go？)(https://spending.jp/)(最終アクセス：2023年6月29日)

12)　「シビックテック」関連の著作や事例紹介は日本でも多く確認できるが、まとまった例として下記を参照。稲継裕昭編著(2018)『シビックテック——ICTを使って地域課題を自分たちで解決する』勁草書房. ハレル, C.(安藤幸央訳)(2022)『シビックテックをはじめよう——米国の現場から学ぶ、エンジニア／デザイナーが行政組織と協働するための実践ガイド』ビー・エヌ・エヌ.

13)　経済産業省(2022)「「アジャイル・ガバナンスの概要と現状」報告書を取りまとめました」(https://www.meti.go.jp/press/2022/08/20220808001/20220808001.html)(最終アクセス：2023年6月29日). なお、当該報告書の本文なども上記URLより確認可能。

14)　湯淺墾道(2017)「地方公共団体における官民データ活用の法的課題」『情報法制研究』(2).

15)　文化財としての「デジタル・ヘリテージ(digital heritage)」という用語は、例えばユネスコが多用している。UNESCO. Digital Heritage(https://en.unesco.org/themes/information-preservation/digital-heritage)(最終アクセス：2023年6月29日). また、関連するユネスコの主要プログラムのひとつに、PERSIST(Platform to Enhance the Sustainability of the Information Society Transglobally)があり、「ボーン・デジタルな文化遺産(born digital cultural heritage)」といったことばも用いつ

つ、デジタルアーカイブの維持管理にも通じる企画やガイドライン策定などを行っている。UNESCO PERSIST Program（https://unescopersist.org/）（最終アクセス：2023年6月29日）

16）　おそらく、デジタル遺産・デジタル相続について、日本で広く一般の人々向けに書かれた最初の著作は、下記のものだと思われる。古田雄介（2017）『ここが知りたい！デジタル遺品──デジタルの遺品・資産を開く！託す！隠す！』技術評論社.同じ著者らによる最近の著作としては下記がある。伊勢田篤史・古田雄介（2021）『デジタル遺品の探しかた・しまいかた、残しかた＋隠しかた──身内が亡くなったときのスマホ・パソコン・SNS・ネット証券・暗号資産等への対応や、デジタル終活がわかる本』日本加除出版.その他、弁護士らが携わる多数の著作が確認できるが、後述する「デジタル・フォレンジック」にも言及のある下記1点のみ、例として挙げておく。北川祥一（2020）『デジタル遺産の法律実務Q&A』日本加除出版.

17）　関連する著作の例として下記を参照。国文学研究資料館編（2017）『社会変容と民間アーカイブズ──地域の持続へ向けて』勉誠出版.宮前良平（2020）『復興のための記憶論──野田村被災写真返却お茶会のエスノグラフィー』大阪大学出版会.

18）　塩崎亮（2020）「パーソナルデジタルアーカイブは100年後も「参照」されうるか（第7章）」根本彰・齋藤泰則編『レファレンスサービスの射程と展開』日本図書館協会, 163-183.

19）　佐々木良一（2017）「デジタル・フォレンジックの主要な手順（1.3）」『デジタル・フォレンジックの基礎と実践』佐々木良一編著, 東京電機大学出版局, 5-7.

20）　古賀崇（2017）「記録管理・アーカイブズにおける「デジタル・フォレンジック」に関する一考察──国際比較に基づき」『レコード・マネジメント』（73）.あわせて、北米における「デジタル・フォレンジックのデジタルアーカイブへの導入」にかかる主要プロジェクトのひとつである下記も参照。BitCurator Consortium（https://bitcuratorconsortium.org/）（最終アクセス：2023年6月29日）

21）　橋本陽（2022）「電子記録研究の現在：2004年以降の回顧と展望」『アーカイブズ学研究』（36）.

22）　Theimer, K.（2019）Participatory Archives, *Encyclopedia of Archival Science*, Rowman & Littlefield, 261-262.

23）　The September 11 Digital Archive（https://911digitalarchive.org/）（最終アクセス：2023年6月29日）

24）　Our Marathon: The Boston Bombing Digital Archive（https://marathon.library.northeastern.edu/）（最終アクセス：2023年6月29日）

25）　国立国会図書館東日本大震災アーカイブ（ひなぎく）（https://kn.ndl.go.jp/）（最終アクセス：2023年6月29日）

26）　311まるごとアーカイブス（http://311archives.jp/）（最終アクセス：2023年6月29日）

27）　鈴木親彦責任編集（2019）『災害記録を未来に活かす』勉誠出版.

28）　青山太郎（2022）『中動態の映像学──東日本大震災を記録する作家たちの生成変化』堀之内出版. なお、「わすれン！」については下記もあわせて参照。佐藤知久・甲斐賢治・北野央（2018）『コミュニティ・アーカイブをつくろう！──せんだいメディアテーク「3がつ11にちをわすれないためにセンター」奮闘記』晶文社.

29）　村上興匡・西村明編（2013）『慰霊の系譜──死者を記憶する共同体』森話社.

30）　古田雄介（2022）『ネットで故人の声を聴け──死にゆく人々の本音』光文社. 同書では古田と折田明子との対談も収録している。

31）　塚田有那・高橋ミレイ編著（2021）『RE-END──死から問うテクノロジーと社会』ビー・エヌ・エヌ.

32）　畑中章宏（2021）「21世紀の「死者の書」──死者の公共性をめぐって」前掲注（31）, 32-43.

33）　折田明子（2021）「遺されるデータとアイデンティティ」前掲注（31）, 172-187.

34）　渡邉英徳（2019）「記憶の解凍──資料の"フロー"化とコミュニケーションの創発による記憶の継承（第10章）」前掲注（27）, 241-266.

35）　Preservica（https://preservica.com/）（最終アクセス：2023年6月29日）

36）　Documenting the Now（https://www.docnow.io/）（最終アクセス：2023年6月29日）

37）　古賀崇（2021）「米国アーキビスト協会（SAA）2020年次オンライン大会に参加して──COVID-19の影響下での国際会議の実施・参加に関する覚え書きも兼ねて」『アート・ドキュメンテーション研究』（29）.

38）　Jules, B. & Summers, E.（2018）Documenting the Now Ethics White Paper,

Documenting the Now.（https://news.docnow.io/documenting-the-now-ethics-white-paper-43477929ea3e）（最終アクセス：2023年6月29日）

39）　The DocNow Catalog（https://catalog.docnow.io/）（最終アクセス：2023年6月29日）

40）　塩崎亮（2021）「公開ツイートを第三者がアーカイブすることに対する個人の意識――質問票調査の集計結果」『図書館界』73（1）.

41）　#metoo Digital Media Collection（https://dataverse.harvard.edu/dataverse/metoo）（最終アクセス：2023年6月29日）. 関連論考として下記も参照。Walsh, C.（2020）Challenge of archiving the #MeToo movement, *The Harvard Gazette*.（https://news.harvard.edu/gazette/story/2020/08/challenge-of-archiving-the-metoo-movement/）（最終アクセス：2023年6月29日）. Choi, C. K. & Guerra, J. O.（2021）Schlesinger Library expands #MeToo Data Collection, *The Harvard Crimson*.（https://www.thecrimson.com/article/2021/12/3/schlesinger-me-too-data/）（最終アクセス：2023年6月29日）

42）　この点に関する最近の動向は、「デジタルアーカイブ・ベーシックス」第2期として刊行された、下記にてまとめられている。数藤雅彦責任編集（2022）『知識インフラの再設計』勉誠出版. また、著作権法などの知的財産権法についての学際的研究成果の最近の例として、下記を参照。田村善之・山根崇邦編著（2021）『知財のフロンティア――学際的研究の現在と未来』第1巻・第2巻, 勁草書房.

第1章

公文書管理問題と電子文書化のゆくえ

瀬畑　源

1　はじめに

　2022年2月7日、「行政文書の管理に関するガイドライン」が改正され、行政文書の電子化が本格的に進められることになった。

　これまで、行政文書の電子化率はなかなか上がってこなかった。「行政文書ファイル等の媒体の種別」によれば、2011年度は紙媒体95.6%、電子媒体4.2%であるが、2021年度では、紙媒体82.9%、電子媒体13.2%、電子及び紙媒体（混在しているファイル）が3.6%であった[1]。その年度に作成された文書に限っても、電子媒体は25.5%、電子及び紙媒体は5.8%であり、合わせても約3割に留まっている。ただ、2014年度から徐々に電子化率は上がっている。

　電子化の遅れは、行政機関の地方支分部局などで顕著なものと思われる。2021年度の「行政文書ファイル等の保有数」を見ると、本省庁7.5%、施設等機関3.4%、特別の機関31.5%（そのほとんどは自衛隊）、地方支分部局57.5%、となっている。100万ファイル以上持っている行政機関の電子化率（電子及び紙含む）は、法務省11.3%、国税庁22.1%、厚労省6.5%、国交省11.3%、防衛省15.3%である。大規模かつ地方の事務所が多い行政機関ほど、電子化が遅れている。特に防衛省のファイル数は、行政機関全体の28.6%を占めるこ

とから、自衛隊と地方支分部局の電子化の遅れが、統計の電子化率の低さに影響が出ている可能性が高い。

一方、電子化率(電子及び紙含む)が高い行政機関は、デジタル庁88.8%、消費者庁88.2%、カジノ管理委員会80.7%、個人情報保護委員会79.3%、消防庁72.3%となっている。これらはファイル数が少なく、消防庁以外は本庁以外の機関を持っていないため、電子化を行いやすい環境があると思われる。省だけをみると、総務省が65.4%と最も高く、2位の財務省の37.3%と比較しても、突出して電子化率が高い。これは、行政文書の電子化の旗振り役であるため、模範として進めてきたという経緯があるのだろう[2]。

2022年のガイドライン改正以後、電子化がどこまで進むかはまだわからない。ただ、そもそも電子技術は文書を管理するための「手段」に過ぎない。どのように管理するのかは、行政文書の作成に携わる公務員の意識や、それを指示する政治家の意識の問題に関わる。ただ、これまでの公文書管理は、その「手段」の改革に重きを置かれ、「意識」を変えることができてこなかったように思われる。あらためて、その経緯を振り返り、今後の公文書管理のあり方を考えるための材料としたい[3]。

2　公文書管理と行政改革

2-1　行政能率向上の動き

近代の官僚制は文書に基づいて運営される。組織としての決定であることを示すために、各責任者が署名や押印を付ける。職務が複雑化するにつれて、指示を明確にすることは、組織運営上不可欠のものである。

大日本帝国憲法下では、各大臣が天皇によって直接任命され、各省は独立した権限を強く持っていた。そのため、公文書管理も各省ごとに任されていた。文書を残すか否かは、自分たちの仕事の要不要で判断されており、国民への説明責任という考え方は無かった。アジア・太平洋戦争敗戦時に、機密文書を中心に大量の公文書の焼却が行われたが、不要な文書は廃棄して問題

が無い以上、その判断は当時の官僚たちとしては不自然なものではなかった。

　日本を占領した連合国軍は、官僚制を温存し、間接統治に利用した。日本国憲法の制定によって、公務員は「全体の奉仕者」となったが、仕事の仕方は大きくは変わらなかった。また、自民党の長期政権が続く中で、自民党と官僚は情報の独占を図り、野党や国民に対する情報公開に消極的な態度を取り続けた。

　敗戦後、戦時期に肥大化した行政組織の整理縮小が行われる一方、業務の効率化が目指された。特に公務員の仕事は、無駄の多い「お役所仕事」として批判されることが多かった。しかし、当時行われた業務の能率化政策は、文書の書き方の簡素化（口語体の採用、句読点の付加）など、公務員個人の公務処理能力の向上を目的とするものに留まっていた。民間企業では、米国などの近代的経営管理技術の導入などによって経営合理化が図られていた。そこで1956年、行政管理庁の行政監察局に、行政能率向上のための行政能率調査班が設置された（のちに行政管理局に移管）。

　1959年7月に「行政運営の改善に関する件」が閣議決定され、その中の「事務管理体制の整備」において、「局長、部長、課長等が常に事務処理の進行過程を把握しうるよう合理的な文書管理を行うこと」「文書の決裁段階は、極力少くすることとし、起案は、事項に応じ上級職員がつとめてこれに当たるようにすること」などの措置を講ずることとなった。また、1960年10月には「行政運営の簡素能率化に関する件」も閣議決定され、各行政機関に能率担当官などを配置して行政運営の画期的改善、能率化を図ることが目指された[4]。各省庁事務連絡会議が設置され、行政能率調査班がその庶務を担当し、能率化の指導・助言・調整役を果たそうとした。

2-2　文書管理制度改革の限界

　行政管理庁の歴史を見ていると、行政の効率化、能率化の取り組みは、1948年の発足時から繰り返し行われて続けていた。つまり、その政策の効果が薄く、徹底されていないがゆえに、いつまでも改善を言い続けなければ

ならなかったことが見て取れる。

1976年に行政管理庁行政管理局は、各省庁の文書管理の状況を把握するため、国の行政機関(24省庁)の内部部局の全課を対象とした「文書保管量等に関する実態調査」と、内部部局の全職員の2.5%にあたる約1000人の職員を対象とした「文書管理に関する意識調査」を行った。

「実態調査」によれば、全省庁の内部部局で保管している文書量の合計は約38万mにおよび、富士山の約100倍の高さに相当した。文書の保管スペースが既に満杯であると答えた課は58.2%、2～3年中にはスペースが狭隘化することが予想される課は29.5%にのぼり、ほぼ9割近くの課で文書の保管スペースが不足していた。オフィスにおける文書管理が機能せず、書類が積み上がった状態になっていることがうかがえる。また、「意識調査」の「文書・資料の整理・保管をどのようにやっていますか」との質問に対し、「規程等にのっとってやっている」はわずか24.3%にすぎず、「前例に従ってやっている」が43.4%、「自分で工夫してやっている」が26.4%となっていた。なお、「文書担当者」に限ってみても、「規程等にのっとってやっている」を選んだのは30.5%でしかなく、規程を守るように指導する立場の文書担当者ですら、従っているのは少数派であった[5]。これらから考えると、行政にとって必要な文書すらも、きちんと整理できていたのか疑わしくなってくる。

公文書管理を指導する行政管理庁(1984年から総務庁)は、総理府の一機関にすぎず、行政機関の中での地位が低かった。合理化を推進しようとしても各行政機関から反対にあってつぶされることもあり、縦割り行政を突破できるだけの構想力や権力を持てなかった。結果的に、行政管理庁の文書管理制度改革は、機械化(電子計算機(コンピューター)の導入など)による公務員個人の処理速度の向上や情報の共有化といった技術改善が中心とならざるをえず、公文書管理の方法そのものを根本的に変えるような構想を持ちえなかった[6]。

また、そもそもとして、公務員の仕事の仕方にも公文書管理が徹底されない問題があった。日本の官僚制においては、幹部候補生であるキャリア職員

は定期的に部署を異動し、同じ部署に長く勤務するノンキャリア職員が実務をこなすという慣行がある。その部署の業務内容は、ノンキャリア職員の個人的な能力によって引き継がれることが多く、業務に必要な知識は文書で共有されるのではなく、特定の職員に占有されている。また、「稟議制」によって関係者の調整が決裁を取る前に行われるが、その調整の文書が残らないケースも多く、政策決定過程が不透明になりがちであった。さらに、1980年代の「小さな政府」がもてはやされる時代になると、手続きよりも「成果」を重視して行政を運営することを説く「新公共管理論」(NPM)と呼ばれる考え方が導入され、意志決定過程の検証はさらにおろそかにされることになった[7]。

公文書管理は各行政機関の裁量に委ねられているため、戦前から続く縦割り行政の弊害と、慣行が規程よりも重きを置かれる現場の状況の中で、政策決定過程の検証が行えるような文書がなかなかきちんと残されない状況が続いていった。

3　情報公開法と公文書管理法

3-1　情報公開法を求める動き

情報公開制度を求める運動は米国で始まり、1966年に情報自由法が制定された。この制度は、行政による情報の独占を打破し、自らが主権者として判断するための情報の入手を制度的に保障するために不可欠のものである。市民が開示請求権を持つことになり、行政機関は原則として、請求された公文書を公開せねばならなくなった。

日本における情報公開制度を求める運動は、1976年のロッキード事件をきっかけに盛り上がりをみせた。米国で次々と証拠となる資料が公開されるにもかかわらず、日本では「守秘義務」を盾に、大蔵省などが公文書や米国から提供された文書の開示を拒むケースが続出した。また、消費者保護運動や公害反対運動などの市民運動は、行政の持つ情報が公開されないが故に被害が拡大するケースを問題視しており、米国の情報自由法が日本で大きく紹介

された。

　自民党政権は情報公開制度の導入には消極的であったが、衆議院が与野党伯仲となり、さらに自民党内の大平正芳と福田赳夫との権力闘争が激化し、1979年の首相指名選挙に大平と福田が共に立候補するという異常な事態となった。そこで大平首相は、野党の新自由クラブに首相指名選挙への協力を呼びかけ、情報公開法の推進を約束する「覚書」を交わした。その後、自民党はその「覚書」は公党間の合意ではなく、大平個人が努力を表明したものにすぎないとして約束を反故にしたが、大平は情報提供の窓口を各行政機関に設置するなど、一定の対応を行った。そして1980年の総選挙中に大平が死去し、その選挙で自民党が大勝すると、情報公開法制定の気運は萎んだ[8]。

　そのため、情報公開制度の整備は地方自治体で積極的に行われることになった。この議論をリードしたのは、革新統一候補として当選した長洲一二知事率いる神奈川県であった。1977年に県民部の一部職員が情報公開制度についての検討を始め、その報告書を長洲が目にして選挙公約に情報公開条例の制定を掲げ、1979年から本格的に検討が始められた。神奈川県はシンポジウムを開いたり、審議会の議論や報告書を公開し、各都道府県に共同での検討を呼びかけるなど、各地の地方自治体での条例制定の気運を盛り上げた。条例第1号は1982年4月施行の山形県最上郡金山町に譲ることになったが、1982年10月に都道府県初の情報公開条例を制定し、翌年4月から施行されることになった[9]。

　情報公開法の制定は、世界各国でも進んでおり、日本国内での条例化も加速度的に増えていった。そのため、情報公開法制定に消極的であった自民党ですら、制定自体を否定することは難しく、「検討」は続けられた。さらに、国内の市民運動からの突き上げだけではなく、新自由主義が進む米国からも、情報公開法の制定を要求された。1989〜90年にかけて行われた日米構造協議では、企業の多国籍化と経済的相互依存が高まる中で、行政機関による企業への行政指導のあり方の不透明さが大きな問題となった。この動きは、国内の企業からの規制緩和や「小さな政府」を求める動きと連動した。政治学

者の進藤兵は、「80年代後半に形成された、能率・競争性・消費者(顧客)重視・行政サービスの品質・アカウンタビリティを重視する「新しい公共管理(new public management)」戦略の一環として、情報公開法制が位置づけられ重視されるようになった」と指摘している[10]。

3-2　情報公開法の制定

　1993年に自民党が分裂して総選挙で過半数を失い、細川護熙内閣が成立し、連立政権の合意書の中で「行政情報公開の推進」が掲げられた。1994年2月に「今後における行政改革の推進方策について」が閣議決定され、情報公開制度の検討が政府の政策となった。その後、自民党・社会党・新党さきがけの村山富市連立内閣に変わったが、社会党やさきがけは情報公開法推進の立場であり、その方針は引き継がれた。

　そして、行政改革委員会の下に行政情報公開部会が置かれて、情報公開法の検討が本格化した。情報公開法が行政改革の一環として位置づけられた理由は、細川内閣時の総務事務次官であった増島俊之によれば、各省庁の反対を押し切るための「旗印」として必要だったためとされる。情報公開法は行政における「透明性を飛躍的に拡大」させるものであるが、権力官庁と言われる警察庁や検察庁、国税庁を始めとして、外務省や防衛庁などからも、なにを不開示とすべきかといった論点で必ず抵抗が起こる。だからこそ「行政改革」という旗印を掲げることによって、情報公開法制定を既定路線にすることが必要だった[11]。

　ただし、自民党は、情報公開法を積極的に推進する立場に最後までなかったように思われる。1996年11月に部会の最終報告書が提出され、12月には行政改革委員会の「情報公開法制の確立に関する意見」が提出され、1998年3月に法案の閣議決定がなされたが、国会で3度継続審議になるなど、法制定への消極的な姿勢が目立った。行政改革を推進した橋本龍太郎首相(1996-98年)の関心は、中央省庁改革や官邸強化がメインテーマであり、情報公開を重視していたようには見えない。本来情報公開は、政治主導を強化する際に、

恣意的に行政が行われていないかをチェックするための透明化の手段でもあった。しかし、行政改革会議の最終報告書を見ても、情報公開制度は「その他」で簡単に触れられているにすぎない[12]。情報公開法によって、行政のあり方を変えようという意図はあまりなかったと言えよう。

3-3　情報公開法と公文書管理

情報公開法は1999年5月に成立し、2001年4月から施行されることになった。情報公開法では、法的権利として開示請求権が認められ、情報公開請求が法的効力を持つことになった。これにより、それまで行政の裁量で行われていた公文書の開示が義務化され、不開示の場合に司法で争うことが可能となった。

また、情報公開法によって、初めて行政の公文書＝行政文書の定義が行われた。①職務上作成・取得、②組織的に共有、③現在も保有、の3つを満たすものが行政文書とされ、開示請求の対象となった。しかし、この定義の解釈が大きな問題となっていく。

そもそも情報公開制度を機能させるためには、文書管理の見直しが図られる必要があった。行政法学者の井出嘉憲は、「これまで本質的に行政事務処理に伴う内部過程として位置づけられるにとどまっていた文書管理を、公開との関連で外部過程をも視野に入れてとらえ直し、新しいシステムのあり方を追求するという課題が提起された」とされ、情報公開の制度化が開始されたとき、「公開請求の対象とされるべきものの確定が不可避的に要求され、それをうけて情報、そして文書とは何かという問題が改めて提起された」とする[13]。だが、政府の行政改革の中で、公文書管理の問題はあまり関心を持たれなかった。

2000年2月の各省庁事務連絡会議において「行政文書の管理方策に関するガイドラインについて」という申合せが行われ、その中で行政文書管理規則の統一が図られることになった。しかしあくまでも「規則上」に留まり、実態は各行政機関の裁量に任された。もともと、各行政機関の文書管理は、先述

した通り文書主義が徹底しているとは言えず、政策決定過程の文書の管理はずさんであった。そのため、情報公開に消極的な各行政機関は、これまで作成していた文書を切り分け、内部での検討文書を組織的に共有していない「私的(個人)メモ」として行政文書としなかったり、行政文書自体を作成しない、文書の保存期間を短くして廃棄するなどで、政策決定過程を見えなくさせる方針を採った。つまり、これまでの内部過程に沿った形で、雑多な文書はできるかぎり外し、情報公開法の公開に適した文書(決裁文書が中心)に絞り込んだのである。

　井出は情報公開法施行以前に、内部過程としての文書管理と公開対応の脈略に沿った共通統一基準との間に「ダブル・スタンダード」現象が生じるおそれを指摘していたが、実際にその通りになったといえる。井出は「公開対応を強めて内部過程に反映させるために、「文書管理法」を制定するという考え方も、戦略的検討課題として視野のうちに入れておいてよいであろう」と述べていた[14]。

3-4　公文書管理法の制定

　情報公開法施行後、請求に対して「文書不存在」が相次いだ。しかし、公文書管理法が必要だという声は、必ずしも大きいものではなかった。情報公開法制定ですら消極的であった自民党政権が公文書管理に関心を持つこともなく、市民運動の側も「情報公開への不満」を主張することはあっても、それが公文書管理に根本の原因があると指摘する人は少数に留まっていたように思われる。

　しかし、情報公開とは別の視点から公文書管理法に関心を持った政治家がいた。それが福田康夫衆議院議員である。福田は歴史に関心があり、その延長上で歴史的な公文書がきちんと残されていないということを問題視した。小泉純一郎内閣の官房長官時代の2003年5月に「歴史資料としての重要な公文書等の適切な保存・利用等のための研究会」を設置し、12月に「公文書等の適切な管理、保存及び利用に関する懇談会」に改組して、公文書管理全般

についての検討を行うことにした。歴史的に重要な文書を残すためには、現用文書を含めた管理のあり方を考える必要があると考えたのだろう。その後福田が官房長官を離れたため、報告書は出たものの、大きな改革には結びつかなかった。

　だが2007年9月、その福田に首相の座が転がり込んできた。福田はただちに公文書管理法の制定を目指し、2008年2月に「公文書管理の在り方等に関する有識者会議」を立ち上げ、上川陽子を公文書管理担当大臣に任命した。福田は当時問題になっていた年金記録がずさんに管理されていた問題（いわゆる「消えた年金問題」）の解決のために、公文書管理法が必要だと位置づけた。福田は志半ばで首相を退任するが、次の麻生太郎内閣の2009年6月に公文書管理法が成立（7月公布）し、2011年4月から施行されることになった。

　公文書管理法の第1条の目的では、公文書等が「健全な民主主義の根幹を支える国民共有の知的資源」であること、「行政が適正かつ効率的に運営されるようにする」こと、「諸活動を現在及び将来の国民に説明する責務が全うされるようにすること」が目的とされた。つまり公文書を管理することは、公務員の行政の効率化のためだけではなく、国民の知的資源として公共に供与されるものであり、現在だけでなく「将来の国民」への説明責任を果たすためのものだとした。ここに、本書で掲げるところの、公文書は「公共文書」としての意義づけがなされたとみなすことができる。

　公文書管理法は、行政文書のライフサイクルを一元化することを目的としており、文書の作成、管理、保存期間満了後の廃棄・移管、歴史公文書等の利用が法的に定められた。特に第4条では、「第1条の目的の達成に資するため、当該行政機関における経緯も含めた意思決定に至る過程並びに当該行政機関の事務及び事業の実績を合理的に跡付け、又は検証することができるよう、処理に係る事案が軽微なものである場合を除き、次に掲げる事項その他の事項について、文書を作成しなければならない」とされ、「法令の制定又は改廃及びその経緯」などの文書作成義務が定められた。また、廃棄も行政機関の長のみの判断ではできず、内閣総理大臣（実質は内閣府官房公文書管理

課が担当)の同意が必要となった。

　公文書管理法は、政策決定過程の公開のために、文書を作成し、きちんと管理しなければならないことを定めたものであった。ただし、この法律を制定した際に、その意義を理解していた議員や公務員は果たしてどこまでいたのかは心許ない。自民党の中では福田や上川、野党の中では民主党の西村智奈美や枝野幸男、逢坂誠二など、数少ない議員によって制定前の修正協議が行われていた。のちに、南スーダンPKO日報問題、森友学園問題、加計学園問題、桜を見る会問題、新型コロナウイルス感染症関連会議の議事録未作成問題などで、公文書管理法は脚光を浴び、理解者は増えていったが、制定当時はそれほど重要視されていなかったように思われる。

　公文書管理法によって、行政の業務の効率化や重要な公文書の作成がどこまで行われたのかは、改めて検証が必要である。ただ、不祥事が起きるたびに、なぜ文書が作成されていないのか、なぜ捨てられているのかが繰り返し批判されるようになった。これは公文書管理法があるために問題が可視化されたとも言えるだろう。一方で、自民党政権による、公文書管理法の運用規定である「行政文書の管理に関するガイドライン」の改悪により、政策決定過程の文書が残りにくい現状を追認しようという動きも起きていることには注意が必要である[15]。

4　公文書の電子化のゆくえ

4-1　電子政府化と公文書

　公文書の管理は、近年では電子化による業務の改善が進められている。長年にわたって政府は「電子政府」の実現を図り、文書の電子化の推進を図ってきたが、遅々として進んで来なかった。

　1990年代から、世界的に見て日本のIT化の遅れが明らかになるなかで、政府は2000年11月に高度情報通信ネットワーク社会形成基本法(IT基本法、施行は2001年1月)を成立させ、2001年1月には「e-Japan戦略」を立て、その

重点政策分野として「電子政府の実現」を掲げた。その中で、文書の電子化、ペーパーレス化や、行政手続きをインターネットで可能とするシステムの構築などが掲げられた[16]。しかし、文書管理システムは各行政機関ごとに異なるものが使われており、電子的に取得・作成された文書が行政文書ファイルと関連付けられずに共有ファイルサーバーや個人端末に保管されていたり、電子決裁システムが使いづらいという理由で敬遠されたりと、行政文書の電子管理は進まなかった。総務省は2009年3月から、政府全体で利用可能な一元的文書管理システムを稼働させ、全行政機関に導入し、電子決裁を進めようとした[17]。

2013年6月に「世界最先端IT国家創造宣言」が閣議決定され、「情報のデジタル化(ペーパーレス化)の推進と生産性向上」が掲げられた[18]。これに基づいて、2014年4月に「電子決裁推進のためのアクションプラン」が定められた[19]。これにより、電子決裁率が2013年度の55.3%から、2016年度に91.4%まで上がった[20]。元々電子決裁率の高かった特許事務システムによる文書が多いことや、電子決裁可能なシステム・端末が整備されていない部局を分母から除外していることは考慮する必要があるが、一定の成果はあったと考えられる。

4-2　電子文書化への本格的取り組み

ただ、これまで政府は、行政の情報化を進めるためのさまざまな方針を出してきたが、公文書管理法の運用マニュアルである「行政文書の管理に関するガイドライン」は、紙ベースでの文書管理に基づいて作られており、電子決裁が進んでも、印刷して紙で文書を保存するケースが多かったようである。総務省は行政文書の電子化を図ろうとしていたが、電子化率はなかなか上がっていかなかった。

この状況が大きく変わるのは、森友学園問題がきっかけであった。2016年に大阪府豊中市の国有地が森友学園に売却された際に、不当な割引が行われていたのではないかという疑惑が持ち上がった。新設される小学校の名誉

園長が、首相夫人の安倍昭恵であったことから、国会やメディアでの追及が進められた。政府は森友学園との交渉過程の文書は、保存期間が1年未満であったことから廃棄されたとし、決裁文書のみを国会に公開した。しかし、2018年3月に朝日新聞がこの決裁文書が改ざんされていたことをスクープし、政府は謝罪に追い込まれた。

　政府は「末端で改ざんができるようになっていたことが問題」であると考え、決裁文書を改ざんできないような電子管理の仕組みを推進する方針を採った。実際には、これまで進められてきた行政文書の電子化政策を、森友学園問題を奇貨として一気に進めることを意図したと思われる。ここから、電子化への方針が加速度的に進んでいく。

　2018年7月の「行政文書の管理の在り方等に関する閣僚会議」において、「公文書管理の適正の確保のための取組について」が決定された。研修の充実強化、文書管理状況の人事評価への反映、内閣府独立公文書管理監を「政府CRO（Chief Record Officer）」として局長級に格上げし、各府省の行政文書管理状況の常時監視等の権限を追加、各府省に行政文書管理と情報公開の実質的な責任者として「公文書監理官」（各府省CRO、審議官級等）を置くなど、公文書管理の意識改革とその実効性を担保する仕組みの導入を図った。また、電子的な行政文書管理の充実や、電子的な所在情報管理の仕組み、作成から保存、廃棄・移管までを一貫して電子的に行う仕組みなどが検討されることになった[21]。さらに同日に「デジタル・ガバメント閣僚会議」において「電子決裁移行加速化方針」が決定され、電子決裁が進んでいない業務（国有財産の管理処分手続きなど）であっても、電子決裁が行えるような業務改善の取り組みなどがなされることになった[22]。

　2019年3月には「行政文書の電子的管理についての基本的な方針」が内閣総理大臣決定され、今後作成・取得する行政文書は電子媒体を正本・原本として体系的に管理することを基本とし、作業工程をできるかぎり自動化する（メタデータ作成など）など、文書管理業務のプロセス全体（作成、整理・保存、移管又は廃棄）の電子的管理の枠組みの構築が必要とされた[23]。さらに、

6月に「経済財政運営と改革の基本方針2019」(骨太方針)が閣議決定され、行政内部のコストや行政手続に係る民間負担の引下げを可能にするだけでなく、新たな民間ビジネスも活性化させるために「デジタル・ガバメントによる行政効率化」が掲げられ、「行政サービスの100％デジタル化」を目指すこととなった[24]。つまり、経済政策として行政の情報化が位置づけられたのである。

さらに、2020年初めからの新型コロナウイルス感染症の流行により、デジタルフォーメーション(DX)の流れは加速し、9月の菅義偉内閣の発足により、デジタル庁の設置や押印の廃止など、デジタル化政策が政府の中核方針として掲げられた。2021年4月に、公文書管理委員会の下に「デジタルワーキング・グループ」が設置され、7月に「デジタル時代の公文書管理について」がまとめられ[25]、この報告書に基づいて、「行政文書の管理に関するガイドライン」などの改革案が作成されることになった。

公文書管理法施行令及び内閣府本府組織令、ガイドラインの改正案は、11月8日の公文書管理委員会で検討され、その後パブリックコメントを経て、2回審議の後、政令は2022年1月26日、ガイドラインは2月7日に改正された。本章に関連する部分のみを紹介すると、紙文書を前提とした文書管理の規程が電子文書を前提としたものに代わり、紙文書をスキャンしたものも原本とみなすことができるようになった。また、保存期間満了時に国立公文書館等に移管する文書の複製を行政文書として持ち続けることを可能とし、保存期間を延長して文書移管を妨げることを防ぐ仕組みが導入された。ウェブサイトや広報用のツイッターは「常用の行政文書」と位置づけられ、保存期間を「無制限」等とすること、「炎上」などの外部からの意見等により不適切な情報と判断して記述などを削除した場合は、その経緯について文書を作成・保存する必要があるとされた。なお、SNSなどのプラットフォームが廃止される場合などで、引き続きデータの保存が必要な場合は、別途電子ファイル等として保存する必要があるとされた[26]。

これらの一連の改革は、「国家公務員が付加的な仕事をしなければ順守で

きない公文書管理の業務プロセスと、必ずしも十分でない体制・人員」という問題意識の元で、最終的には「国家公務員が、通常どおりに仕事をしていれば、公文書管理のルールを順守できる業務フローとこれを実現するための体制・人員」が目指す姿として提示された[27]。国立公文書館の新館開館が予定されている 2026 年度を目指して、システム整備を図っていくこととされ、その後も文書保存時にメタデータを付与し、行政文書ファイル管理簿を自動作成し、国立公文書館への移管までを 1 つのシステムでシームレスに行うことを可能にすることが計画されたりしている[28]。

　今回の改正は、技術的には大きな転換を迎えることになるだろう。2000年代以降の改革は、それ以前と同じく、方針は立てられても実効性がどこまであったかは疑問符が付くものであった。しかし、CRO を各府省に配置し、政府全体で経済政策も絡めた形で電子化を進めており、電子文書管理への移行は不可避であろう。この改革によって、恣意的に公文書であるか否かを判断できる余地が無くなる可能性は高いと思われるが、システムを組むときに何を公文書とするのかが狭く取られないようにすることが重要になるだろう。

5　おわりに

　電子文書管理の時代となっていくが、果たして政策決定過程の文書が残っていくのかについては疑問がある。公文書管理法が施行されたにも関わらず、政策決定過程の文書がどこまできちんと残っているかは心許ない。毎日新聞の取材によれば、首相に官僚が説明に行った際の打ち合わせ記録は作成しない慣例があるとのことであり、首相がどのように政策に影響力を行使しているかが行政文書からは見えない仕組みになっている[29]。情報公開クリアリングハウスの三木由希子は、情報公開請求の結果から、首相補佐官などの保有している文書が公文書扱いされていないことも指摘している[30]。

　また、政策の調整で使われているはずの電子メールについては、「合理的な跡付け・検証に必要となる行政文書に該当する電子メール」の保存のマ

ニュアルが作られているが[31]、これまで実質的に電子メールは行政文書と扱われておらず、実際にどこまで残されるのかはわからない。最近ではSNS（LINEなど）で政策調整を行うケースもあるとされており、今回のガイドライン等の改正でカバーできていない部分も残されている[32]。

　情報公開法や公文書管理法を機能させるためには、政府のこれらの制度の運用のあり方を改善する必要がある。技術的な改善には限界があり、行政文書を作成する側の公文書管理の意識が変わらなければ、むしろ電子化によって状況が悪化する可能性もありうる。

　なお、なにを公文書とするのか否かを官僚側が判断していることを疑問視し、すべての公文書をデジタル化して永久保存する制度を導入すべきだという主張が一部にある[33]。ただ、これは簡単ではない。政策決定過程に当てはまらない文書まで残していった場合、大量の個人情報の管理の困難さに直面せざるをえない。また、一職員がフェイク情報を混ぜた文書を作成して保存しておいたりする危険性もある。AIなどを利用して、自動的に政策決定過程文書を残す仕組みを技術的に開発するなどを考えた方が良いように思われる。

　近年、「ポスト・トゥルース(真実)」と呼ばれる時代に入り、トランプ前米国大統領のように、客観的な事実よりも個人への感情へのアピールが重視され、真実であっても「フェイク」と言い張り、それを信じる人も増えてきている。デジタル化が進む以上、公文書の「真正性」がきちんと担保されなければ、公文書すら「フェイク」と主張する人も現れるだろう。本来、政治主導が進む中で、恣意的でない行政のため、説明責任、政策決定の可視化は、国民の政治不信の解消という意味では重要な意味を持つはずである。公文書をきちんと作成し、公開することは、国民からの信頼を得るために必要なことなのではないだろうか。

　注
1）　内閣府大臣官房公文書管理課「令和3年度における公文書等の管理等の状況につい

て」2022年11月。なお、この年から「電子及び紙」というカテゴリーが新設されている。(https://www8.cao.go.jp/chosei/koubun/houkoku/2021/pdf/2021_houkoku.pdf)(最終アクセス：2023年7月27日、以下URLのアクセス日は同日のため省略)

2)　上記のデータはすべて同上。

3)　以下第2節・第3節については、筆者の以前の論考で詳細に論じている。瀬畑源(2011)『公文書をつかう──公文書管理制度と歴史研究』青弓社, 第1章.

4)　行政管理庁行政管理二十五年史編集委員会編(1973)『行政管理庁二十五年史』行政管理庁, 735-737.

5)　行政管理庁行政管理局(1976)「各省庁における文書管理に関する調査結果」『O&M情報』14(3), 42-61.

6)　『行政管理庁史』では、文書管理の記述を含む章題が「管理改善と情報システムの展開」と付けられており、その記述のほとんどが情報処理技術関係の記述で占められている。行政管理庁史編集委員会編(1984)『行政管理庁史』行政管理庁, 366-439.

7)　前田健太郎(2018)「「小さな政府」と公文書管理」『現代思想』46(10), 65-66.

8)　瀬畑源(2021)「情報公開制定史⑨大平正芳と新自由クラブ──情報公開の取り組みとその限界」『時の法令』2130, 55-61.

9)　瀬畑源(2021)「情報公開法制定史⑫神奈川県情報公開条例の制定(1)長洲一二と情報公開」『時の法令』2136, 38-44.

10)　進藤兵(1998)「市民参加と情報公開」『講座・情報公開──構造と動態』井出嘉憲・兼子仁・右崎正博・多賀谷一照編集代表, ぎょうせい, 571-572.

11)　増島俊之(1996)『行政改革の視点』良書普及会, 134-137.

12)　行政改革会議「最終報告」1997年12月3日(https://www.kantei.go.jp/jp/gyokaku/report-final/index.html)

13)　井出嘉憲(1998)「情報公開制度と文書管理」, 前掲『講座・情報公開──構造と動態』

14)　同上, 215.

15)　瀬畑源(2019)『国家と記録　政府はなぜ公文書を隠すのか』集英社新書, 第9・11章、瀬畑源(2021)「公文書管理・情報公開からみる政治──新型コロナウイルス感染症関連会議の議事録問題」『法律時報』93(12)などを参照。

16)　高度情報通信ネットワーク社会推進戦略本部「e-Japan戦略」2001年1月22日(https://warp.ndl.go.jp/info:ndljp/pid/284573/www.kantei.go.jp/jp/singi/it2/kettei/010122honbun.html)

17)　夏目哲也(2011)「公文書管理法施行に伴う一元的な文書管理システム及び電子政府の総合窓口(e-Gov)の取組状況」『アーカイブズ』44, 24.

18） 「世界最先端 IT 国家創造宣言」2013年6月14日, 18頁（https://warp.ndl.go.jp/info:
ndljp/pid/8731269/www.kantei.go.jp/jp/singi/it2/kettei/pdf/20130614/siryou1.pdf）

19） 各府省情報化統括責任者（CIO）連絡会議決定「電子決裁推進のためのアクション
プラン」2014年4月25日（https://warp.ndl.go.jp/info:ndljp/pid/12187388/www.kantei.go.
jp/jp/singi/it2/cio/dai56/kessai2.pdf）

20） 総務省行政管理局「公文書管理委員会説明資料」2018年9月28日（https://www8.
cao.go.jp/koubuniinkai/iinkaisai/2018/20180928/shiryou2-2-3.pdf）

21） 行政文書の管理の在り方等に関する閣僚会議「公文書管理の適正の確保のための
取組について」2018年7月20日（https://www8.cao.go.jp/chosei/koubun/tekisei/honbun.
pdf）

22） デジタル・ガバメント閣僚会議「電子決裁移行加速化方針」2018年7月20日
（https://warp.ndl.go.jp/info:ndljp/pid/12187388/www.kantei.go.jp/jp/singi/it2/kettei/pdf/
dgov_e-payment.pdf）

23） 内閣総理大臣決定「行政文書の電子的管理についての基本的な方針」2019年3月
25日（https://www8.cao.go.jp/chosei/koubun/densi/kihonntekihousin.pdf）

24） 「経済財政運営と改革の基本方針2019～「令和」新時代 ――「Society 5.0」への
挑戦～」2019年6月21日閣議決定（https://www5.cao.go.jp/keizai-shimon/kaigi/cabinet/
honebuto/2019/2019_basicpolicies_ja.pdf）

25） 公文書管理委員会デジタルワーキング・グループ「デジタル時代の公文書管理に
ついて」2021年7月（https://www8.cao.go.jp/koubuniinkai/digitalwg/houkokusho.pdf）

26） 具体的な解説は以下の拙稿を参照のこと。瀬畑源（2022）「行政文書の管理に関す
るガイドラインなどの改正」『時の法令』2142, 140-146.

27） 「現状・課題及び目指す姿等並びにスケジュール等」、第97回公文書管理
委員会、資料2の参考2、2022年7月28日（https://www8.cao.go.jp/koubuniinkai/iinkaisai/
2022/0728/sankou2-2.pdf）

28） 「新たに整備する行政文書の管理のための情報システム＜整備のポイント＞」、
第99回公文書管理委員会、資料4-1、2022年11月9日（https://www8.cao.go.jp/koubuniinkai
iinkaisai/2022/1109/shiryou4-1.pdf）

29） 毎日新聞取材班（2020）『公文書危機　闇に葬られた記録』毎日新聞出版, 113-167.

30） 三木由希子（2021）「官邸主導で説明責任後退　政治プロセスの記録作成強化を」
『Journalism』368, 50.

31） 内閣府大臣官房公文書管理課長「電子メールの選別及び手順に関するマニュア
ル」2022年2月10日（https://www8.cao.go.jp/chosei/koubun/hourei/tsuchi2-4.pdf）

32） 2023年7月24日の第102回公文書管理委員会では、チャットツール（Microsoft

Teams や Slack）を利用する行政機関が増えていることをふまえ、このツールで行政文書の定義に含まれる文書が作られた際に、どのように保存するのかが今後の検討課題として取り上げられている。「チャットツールの機能等について（Teams を例に）」、資料 2-2（https://www8.cao.go.jp/koubuniinkai/iinkaisai/2023/0724/shiryou2-2.pdf）

33）　鮫島浩「公文書館は「権力者の館」だった！デジタル改革で「歴史の記録」を市民の手に」SAMEJIMA TIMES、2022 年 1 月 11 日（https://samejimahiroshi.com/poticits-media-20220111/）

第2章

大学の情報をめぐる諸制度と取り組みの展開過程からみる「デジタル公共文書」

加藤　諭

1　はじめに

　学校教育法第83条第1項において、大学は「学術の中心として、広く知識を授けるとともに、深く専門の学芸を教授研究し、知的、道徳的及び応用的能力を展開させることを目的とする」とされ、同条第2項において「大学は、その目的を実現するための教育研究を行い、その成果を広く社会に提供することにより、社会の発展に寄与するものとする」と定義されている。こうした定義、目的に沿って考えるのであれば、大学の中で作成、保存、公開されていく各種情報については、教学に関する情報、研究に関する情報、大学経営に関する情報に大別されることになる。大学の教学、研究、経営の情報については社会のデジタル化やインターネットの普及などに伴い、その意義がますます問われている。2020年代における文書管理のあり方、オープンサイエンスの進展、デジタルトランスフォーメーション(DX)への対応など、社会と大学を取り巻く変化の中、社会インフラとしての「デジタル公共文書」を巡る問題を考える上でも、大学の情報公開の歴史的経緯を踏まえた議論が必要であろう。本章では、大学の中でもとくに国立大学に関する動向を中心

に、教学、研究、経営に関する大学の情報公開の展開過程を概観したい。その上で、公共の一端を担ってきた国立大学法人の生み出すドキュメントについても、「デジタル公共文書」概念のもと、国・自治体と同じ地平で公共的に利活用可能な形で蓄積されるべきドキュメントとして捉えていく、という問題関心から、国立大学における公文書管理の視座を軸に据えて現状と今後の課題について考察する[1]。

2 大学の情報公開の沿革

2-1 大学史編纂、学内刊行物の系譜

　大学において、組織の記録を保存し公開するアーカイブズが設置されるようになるのは、日本においては、1963年に設置された、東北大学記念資料室（英訳名、Tohoku University Archives、現在の東北大学史料館）が嚆矢とされる。以降アーカイブズを通じて、組織の記録にアクセス出来るようになる体制は、日本では20世紀半ば以降に段階的に整備されていくようになる。もっとも、それ以前からも大学は年史編纂事業を通じて、大学の情報を公開する、という試みを行っていた。私立では1901年の『明治法律学校二十年史』や1907年の『慶應義塾五十年史』のように、少なくても20世紀前半から年史編纂事業がなされている。また、戦前期において、旧制高校や帝国大学などは「一覧」と通称される刊行物を発行し、そこで学内規程や年間行事、人事職制、在籍学生や卒業生などの情報を公開していた。また1920年代になると、学生運動と密接な関係をもちながら帝国大学新聞や早稲田大学新聞などが創刊され、大学の動向を伝えるメディアも登場するようになる。このほか東京大学では、直接の研究データ公開とは趣を異にするものではあるものの、各学部や附置研究所の研究分野の系譜を詳細に記述し、学術発展史を編纂するものとして、1942年に東京帝国大学学術大観が刊行された[2]。

　戦後、学生運動が活発化した1960年代後半、円滑な情報流通と広報のための学内刊行物が大学側から発行されるようになる。東京大学では1969年

に『資料』という名称で刊行され、当初は学生問題に限った内容であったものが、のちに『学内広報』と名称を変え、徐々に学内全体の情報提供のための広報誌となっていくようになる[3]。

　一方20世紀後半は戦前に比べて大学史編纂の大規模化が進展した時期でもあった。そのため、戦前期のような属人的要素が強かった年史編纂に留まらず、学内に年史編纂のための組織を設置して大学史の編纂が行われるようになっていく。『慶應義塾百年史』(1958〜1969年)の編纂においては、1951年に塾史編纂所(現在の福沢研究センター)、『早稲田大学百年史』(1978〜1997年)、『同志社百年史』(1979年)の編纂においては、それぞれ図書館校史資料係(1961年設置、現在の大学史資料センター)、同志社社史史料編集所(1963年設置、現在の社史資料センター)が置かれた。前述の東北大学記念資料室もまた、1960年に刊行された東北大学五十年史の編纂・収集資料の散逸防止が設置目的の一つであった。1977年に創設百周年を迎えた東京大学では、1987年までに全10巻、総ページ数12000頁を超える規模で『東京大学百年史』が編纂され、それまでの国立大学では最多の巻数と頁数を誇るようになる[4]。こうした大規模な年史編纂事業は、編纂後の史資料の安定的な保存・運用の機運を惹起させるようになり、大学間ではポスト年史編纂組織としての大学アーカイブズの設置が進展していった。

2-2　情報公開法と大学

　しかし、こうした広報誌を発行する大学の広報部門はルーティンに収集する情報の範囲がおおよそ決まっており、また大学史編纂後に置かれた大学アーカイブズも、積極的に学内の記録を収集していく機能よりは、すでに年史編纂事業で収集した資料の内、未整理となっている資料の整理に力点が置かれがちであった。こうした状況は、2001年に行政機関の保有する情報の公開に関する法律(以下、情報公開法)が施行されることで、主に国立大学において大きな変化が生じることになる。国立大学は情報公開法にもとづき、学内で作成された公文書(2001年〜2003年までは行政文書、2004年から

は法人文書)をファイル管理簿で公開する必要に迫られるようになったからである。それまで大学で年間どのような文書が作成されていたのか、その内容や数量は学内的にも把握できていなかったものが、この情報公開法を機に、ファイル管理簿によるデータベースとして可視化されるようになったのである。このことは、国立大学で保持している公文書に関する文書管理意識の変化と、大学アーカイブズの機能変化をもたらすことになる。20世紀後半の日本における大学アーカイブズは前述の通り、ポスト年史編纂組織として、大学史編纂事業で収集した資料の散逸防止と未整理資料の目録化などに従事していたが、建前上において大学全体の公文書の全体像が明示されるようになったことで、保存期間を満了した文書の措置に、アーカイブズが関与する素地が出来たからである。

　こうして、2000年に設置された京都大学大学文書館は、当初京都大学百年史編纂後のポスト年史編纂組織として議論されていたものが、評価選別機能を備えた本格的な大学アーカイブズとして制度設計されることになり、同時期に東北大学記念資料室も東北大学史料館に改組するなど、国立大学における公文書のうち保存期間が満了した公文書について、組織の記録として歴史的に重要な公文書について、系統的に大学アーカイブズに移管する仕組みを整える動きがみられるようになるのである[5]。

　こうした公文書をめぐる情報公開法の制定の動きは、国レベルでは総理府に設置された行政改革委員会が1996年に具申した「情報公開法制の確立に関する意見」を受けて進められていったものであったが、1990年代後半、文部省においても、大学における教育研究活動に関して、その状況を公表していく議論が進められていた。文部大臣の諮問機関である大学審議会が1998年に答申した「21世紀の大学像と今後の改革方策について」では、「大学情報を分かりやすく提供することは、公共的な機関としての大学の社会的な責務」と提言され[6]、その結果1999年に大学設置基準が改正され、大学における教育研究活動等の状況について積極的な公表が規定されることになる。

3 国立大学法人化に伴う大学評価と情報公開

3-1 教学情報の公開

21世紀に入ると2004年に国立大学が法人化され、中期目標・中期計画の策定と法人評価の実施が制度化され、また独立行政法人通則法が準用されることで、財務情報等の公開義務も生じるようになる。2005年には私立学校法の一部を改正する法律が施行され、財務情報等の公開は私立大学にも拡大された。

また先述のように大学設置基準において、教育研究活動の公表は求められる状況にあったが、2007年の学校教育法等の一部を改正する法律の施行で、教育研究活動の状況の公表に関する義務が法律レベルで規定され、2011年には学校教育法施行規則が一部改正・施行され、各大学が公表すべき教育情報の明確化と、情報公表への取組状況が認証評価における評価の対象に位置づけられることになる[7]。このとき公表が義務化された事項は以下の通りである(学校教育法施行規則第172条の2)。

1. 大学の教育研究上の目的に関すること
2. 教育研究上の基本組織に関すること
3. 教員組織、教員の数並びに各教員が有する学位及び業績に関すること
4. 入学者に関する受入方針及び入学者の数、収容定員及び在学する学生の数, 卒業又は修了した者の数並びに進学者数及び就職者数その他進学及び就職等の状況に関すること
5. 授業科目、授業の方法及び内容並びに年間の授業の計画に関すること
6. 学修の成果に係る評価及び卒業又は修了の認定に当たっての基準に関すること
7. 校地、校舎等の施設及び設備その他の学生の教育研究環境に関すること
8. 授業料、入学料その他の大学が徴収する費用に関すること

9. 大学が行う学生の修学、進路選択及び心身の健康等に係る支援に関すること

こうした動向は、文部科学省の中央教育審議会大学分科会質保証システム部会の議論を背景としたものであった。質保証システム部会では、大学の機能別分化が進展する上で、大学の強みや特色を分かりやすく公表する仕組みを整備することを求めており、特に教育情報を公表する基本的な考え方を3点にまとめている。1つめは学生，保護者，社会に公表が求められる情報で、大学を志望、選択していく判断材料となる情報を適切に提供していく視点である。2つめは教育力の向上の観点から公表が求められる情報で、各種の競争的資金等の申請の要件や、大学評価の参考にしていく視点も含まれていた。そして3つめは国際的な大学評価活動の展開や我が国の大学情報の海外発信の観点から公表が考えられる情報で、大学教育の国際競争力の向上を図る視点がみてとれる[8]。

3-2 公文書管理法の影響

一方で、2011年は公文書の管理に関する法律(以下、公文書管理法)が施行された年でもある。公文書管理法は、情報公開法と同様、文部科学省の教育行政とは別に内閣官房に2008年に設置された「公文書管理の在り方等に関する有識者会議」の最終報告書を踏まえた法制定であった。2001年に情報公開法が施行されたものの、社会保険庁の年金記録問題、厚生労働省のC型肝炎関連文書の放置、海上自衛隊補給艦「とわだ」の船舶日誌の誤廃棄など、2000年代には様々な公文書管理に関する問題が続発し、社会問題となっていた。こうした中で2008年、内閣に特命大臣として公文書管理担当大臣が置かれることとなり、前述の「公文書管理の在り方等に関する有識者会議」による最終報告書を経て、2009年に公文書管理法が国会で成立、2年の期間をおいて2011年に施行となった。

公文書管理法は、日本においては初となる、国の行政機関や独立行政法人

等における公文書管理の基本法となった。公文書は、組織の業務上必要とされる現用としての保存期間が設けられており、保存期間満了後は非現用の公文書となるが、この公文書管理法では文書のライフサイクルから現用・非現用を統一的に捉えた点が特色の一つであった。具体的には、レコード・スケジュール制を採用し、文書の保存期間満了前のできる限り早い時期にファイル管理簿において、移管又は廃棄の措置を定めた。公文書管理法によって、適切に公文書を管理するシステムの整備を行うとともに、歴史的に重要な公文書が適切にアーカイブズに移管されるシステムの整備も統一的に行うことが体系付けられたのである[9]。

　また、公文書管理法では、独立行政法人等の法人文書も対象とする法律であったことから、国立大学もこの公文書管理法の法制度下に置かれることとなったが、保存期間満了後に移管対象となる歴史公文書等については、国立公文書館等に移管する義務を課した。このため国立大学アーカイブズにおける、国立公文書館等指定の動きが進展していくことになる。

　2011年の公文書管理法施行とともに、東北大学、名古屋大学、京都大学、神戸大学、広島大学、九州大学の大学アーカイブズが国立公文書館等の指定を受け、2017年までに北海道大学、筑波大学、東京大学、東京工業大学、東京外国語大学、大阪大学が追加で指定を受けることとなった。このように2010年代までに12大学のアーカイブズが国立公文書館等の指定を受けたことで、公文書管理法下において国立公文書館等指定施設は16機関であったことから、75％を国立大学が占めることとなり、日本の公文書管理上の特質となっている。

　もっとも、これらの国立大学アーカイブズはそもそも単に法人文書だけを扱うために設置されたわけではなく、少なくとも2011年段階で国立公文書館等の指定を受けた大学アーカイブズは設置経緯に何らかの形で、大学史編纂からの沿革を有していた。こうした大学アーカイブズの場合、大学史編纂の過程で、大学に所属する教員や学生団体、旧制高校など過去に包摂された学校の同窓組織などから収集した資料や、寄贈を受けた資料も所蔵していた。

また東北大学のように、東北大学総合学術博物館の設置が1998年で、大学博物館に先行して大学アーカイブズ（1963年：東北大学記念資料室）が置かれていたような大学では、実験器具や什器などを記念資料という枠組みで収集している事例もあり、国立公文書館等として取り扱う特定歴史公文書等の範囲をどう設定するか、については各大学の特徴があらわれることになる。

東北大学の場合は、東北大学史料館に新たに公文書室を設置し、この公文書室が国立公文書館等の指定を受けることとした。それ以外の所蔵資料は、かつての母体となった記念資料室名称を復活させ、歴史資料等保有施設の枠組みで取り扱うこととした。すなわち館を2室体制とすることで、大学情報の公開のチャネルを分けることにしたのである。2022年現在、国立公文書館等の指定を受けている大学のうち、北海道大学、東北大学、東京大学、広島大学、名古屋大学、大阪大学と、およそ半数の施設で国立公文書館等と歴史資料等保有施設の2種類の指定を受けている[10]。一方、京都大学大学文書館や東京外国語大学などは、組織の機能を分化させることなく国立公文書館等の指定を受け、所蔵資料に関しては特定歴史公文書等に統一して保存、整理、公開を行う体制を選択した。

大学に関する記録の扱い方の方向性の違いは、公文書管理法の公開に関する解釈の違いにも由来している。公文書管理法とともに内閣総理大臣決定で出された「特定歴史公文書等の保存、利用及び廃棄に関するガイドライン」では、受け入れた文書については「目録を作成した上で、1年以内に排架を行う」ものとされた[11]。法人文書ファイル管理簿に登載されていない寄贈資料については、いつどのくらいの分量で寄贈されるかのスケジュールが組みにくく、国立大学アーカイブズの組織規模で1年以内の排架が課題となることは、公文書管理法制定前後から議論があり[12]、その法制度的な解決手段の一つが国立公文書館等と歴史資料等保有施設のダブル指定を受ける方式であったのである。もっとも、民間その他の団体等からの寄贈・寄託文書の1年以内排架については「事前に対象となる目録を作成した上で、利用条件などを含めた契約をする」という業務プロセスを踏まえ取り扱えばよく、運用

上のハードルに過度な優劣は生じない、という見解もある¹³⁾。この問題は上記のように現場運用の実利という側面から大学毎の対応が分かれたが、その結果、大学情報の公開について、「公文書」として扱う記録の捉え方は、国立公文書館等指定施設間でも統一されないかたちとなっている。

3-3　研究情報の公開

　公文書管理法以降、大学組織の記録の公開について、アーカイブズ機関の役割が増加していったが、大学の研究成果の情報については、21世紀に入るとオープンアクセスの動向と連動するかたちで、日本では大学図書館が機関リポジトリを運用していくことになる。国際的にはインターネット普及に伴う電子ジャーナルの登場や、学術雑誌の価格高騰問題に対し、米国研究図書館協会等が中心となって、学術情報のオープンアクセス化が推進されていく中、2002年、文部科学省の科学技術・学術審議会が「学術情報の流通基盤の充実について（審議のまとめ）」を公表[14]、2005年に千葉大学附属図書館が国内初となる「千葉大学学術成果リポジトリ」の運用を開始した。また国立情報学研究所（NII）が2005年〜2012年度にかけて、学術機関リポジトリ構築連携支援事業を展開、2012年度からは共用リポジトリサービスであるJAIRO Cloudを提供したことで、各大学図書館が機関リポジトリを整備しいくこととなる。機関リポジトリによって、研究成果を各大学が収集、保存、公開していく体制の構築と運用が進展した[15]。

　さらにオープンアクセスに関わる文部科学省の施策として、2013年には文部科学省令第5号において学位規則を改正、博士論文やその要旨等についてインターネットを利用して公表することが義務化された[16]。このほか研究倫理上においては、研究不正対策上の観点から、翌2014年に文部科学省は「研究活動における不正行為への対応等に関するガイドライン」を策定し、研究機関に対し、研究成果を客観的に検証可能とする研究データの保存・開示を義務づけることとした[17]。そして同年、文部科学省は日本学術会議に対して、実験データ等の保存の期間及び方法を含む6項目の審議を依

頼、2015年に日本学術会議は、論文の実験データの保存期間について、実験ノートなど文書や電子データ、画像などは原則、論文発表後10年、実験試料や標本などについては5年とする「科学研究における健全性の向上について」を提出した[18]。

　大学個別の取り組みとしては2015年、京都大学が所属する教員が、京都大学学術情報リポジトリ（KURENAI）で研究成果を公開することを義務化する「オープンアクセス方針」を発表[19]、以降多くの大学で研究成果のオープンアクセス化を義務づける方針の策定が進展することになった。

　こうしたオープンアクセス推進の動きとともに2010年代以降、研究情報基盤においてオープンサイエンスの推進が求められるようになっていく。オープンサイエンスは、オープンアクセスと研究データのオープン化（オープンデータ）を含む概念とされ[20]、2013年のG8科学技術大臣会合において、研究データのオープン化が日本を含め大臣合意されたことで、科学技術政策においてオープンサイエンスが重視されるようになっていく。2011年閣議決定された第4期科学技術基本計画において、研究情報基盤の整備の推進方策は、

　　「国は、大学や公的研究機関における機関リポジトリの構築を推進し、論文、観測、実験データ等の教育研究成果の電子化による体系的収集、保存やオープンアクセスを促進する。また、学協会が刊行する論文誌の電子化、国立国会図書館や大学図書館が保有する人文社会科学も含めた文献、資料の電子化及びオープンアクセスを推進する[21]」

とされていたが、2016年閣議決定の第5期科学技術基本計画では、

　　「国は、資金配分機関、大学等の研究機関、研究者等の関係者と連携し、オープンサイエンスの推進体制を構築する。公的資金による研究成果については、その利活用を可能な限り拡大することを、我が国のオープン

サイエンス推進の基本姿勢とする。その他の研究成果としての研究二次データについても、分野により研究データの保存と共有方法が異なることを念頭に置いた上で可能な範囲で公開する[22]」

と、オープンサイエンスの推進が文言化された。そして、2021年閣議決定された第6期科学技術・イノベーション基本計画では、オープンサイエンスとデータ駆動型研究等の推進に向けた具体的な取り組みとして、

「機関リポジトリを有する全ての大学・大学共同利用機関法人・国立研究開発法人において、2025年までに、データポリシーの策定率が100%になる。公募型の研究資金の新規公募分において、2023年度までに、データマネジメントプラン（DMP）及びこれと連動したメタデータの付与を行う仕組みの導入率が100%になる[23]」

ことが目標値として定められた。

　大学の学術資源についても、1990年代後半以降、大学では学内の図書館、博物館、文書館、部局などが個々にデジタルアーカイブの構築を進めていたが、2010年代にはMLA連携による学術の基盤強化が目指される中で、2010年に京都大学研究資源アーカイブ、2017年に東京大学に東京大学学術資産等アーカイブポータルの構築などの取り組みが進められていった[24]。また、国のデジタルアーカイブ政策として、文化資源に関するデジタルアーカイブの分野横断型統合ポータルとして、2020年からジャパンサーチが公開されると、これら大学の学術資源に係るデジタルアーカイブ構築の動向はジャパンサーチとの連携とも繋がり深められていくこととなった。

4　大学情報のDX化とデジタル公共文書

4-1　公文書の電子的な管理

　公文書の電子的な文書管理に関しては、2018年7月の行政文書の管理の在り方等に関する閣僚会議において、「公文書管理の適正の確保のための取組について」が示されることとなる。これは森友学園問題における決裁文書改ざんなど、2010年代に起きた公文書管理をめぐる問題を受けた政府の再発防止策の取り組みを示したもので、公文書に関するコンプライアンス意識改革を促す取組の推進として、各省庁の総括文書管理者等の研修充実強化、改ざんなどについて免職を含む懲戒処分を科すことの明示、内閣府の独立公文書管理監（政府CRO）を局長級格上げと、公文書監察室の新設を設け体制強化を柱とするものであった。一方それだけではなく、合わせてこのときに、行政文書をより体系的・効率的に管理するための電子的行政文書管理の充実、決裁文書の管理の在り方の見直しや、電子決裁システムへの移行への加速が目指されることとなった[25]。この「公文書管理の適正の確保のための取組について」を受けて、2019年3月には、内閣総理大臣決定「行政文書の電子的管理についての基本的な方針」が策定、今後作成・取得する文書は電子媒体を正本・原本として管理することが掲げられた[26]。

　一方コロナ禍における、社会全体の急速なDX推進の流れを受けて、従来の紙媒体を前提とした公文書管理のルールから電子的管理への早急な見直しが強く求められるようになった。このため2021年4月、内閣府の公文書管理委員会にデジタルワーキング・グループが設置された。デジタルワーキング・グループは同年7月までに報告書を提出、報告書を踏まえ2022年1月には公文書等の管理に関する法律施行令等が改正され、同年2月には行政文書の管理に関するガイドラインの全部改正がなされた。2021年度は国の公文書に関する電子的管理について、制度面での整備が急速に進展した年であったといえる。これは公文書管理法そのものの改正ではないものの、デジタルに対応したルール整備としては2011年の公文書管理法施行以降、本格的な

施行令やガイドラインの改正となった。

　この公文書管理法施行令の改正によって、国立公文書館等に移管する行政文書の保存期間の見直し、政令別表の期間を超える保存期間の設定を可能とする仕組み、複数年度の行政文書を一つの行政文書ファイルにまとめることができる仕組み、保存期間の延長に関する手続の見直し、外務省の行政文書を国立公文書館に移管可能とする仕組み、が整えられた。

　またガイドライン改正によって、電子媒体による作成・管理を基本とすること、年度で区切らずにデータを蓄積して管理可能となること、スキャナで読み取った文書を正本として管理可能となること、保存期間満了時において原課が必要な文書については引き続き複製の保存が可能となること、オンライン方式の研修が可能となること、歴史的緊急事態に関する会議等の記録作成の義務化、一旦決裁が終了した文書の修正を認めないこと、国立公文書館によるレコードスケジュール確認の強化などが進められることとなった。

4-2　デジタル公共文書への視座

　さて、デジタルワーキング・グループの報告書「デジタル時代の公文書管理について」は、本書の問題関心である「デジタル公共文書」をどう考えていくべきなのか、示唆となる思想や考え方についても示されており、以下その点を考察してみたい。

　報告書「デジタル時代の公文書管理について」では、業務システムと公文書管理ルールの中で、公文書を以下のように捉えている。

　　「効率的な行政や利便性の高いサービスを提供するため、デジタル技術を活用して、様々な業務について処理するための電子情報システム（以下「業務システム」という。）が構築されている。こうした業務システム内において行政機関が作成・取得するデータ（電磁的記録）は、公文書管理法第2条第4項に規定する行政文書に該当するものであり、同法に基づいて、適切に管理することが求められる[27]」

公文書管理においては、政策の意思決定過程の記録を重視するだけではなく、その前提となるデータも公文書であり、そうしたデータを含めた国の保有する情報の質保証の重要性を視野にいれているのである。これは、

　　「デジタル社会の将来像を見据えれば、これからの意思決定や行政事務は、従来のような書面の形式ではなく、データのまま行われていくことも考えられ、そうした発想に立って、公文書管理を行っていくことも重要である[28]」

という考え方を背景としている。デジタル時代には文書形式ではなく、データに基づいて業務が実施される、という前提のもとで、公文書管理のルールを定めるべきだ、というのである。

　公文書管理法は、第一条で「国及び独立行政法人等の有するその諸活動を現在及び将来の国民に説明する責務が全うされるようにすることを目的とする」としているが、報告書でも「行政文書の適切な管理は、行政情報の利活用や国民への説明責任の基盤である」としており、その説明として、デジタル時代における文書の現用段階からの官民によるデータの利活用や、国立公文書館等に移管された公文書のデジタルアーカイブとしての資料公開など、デジタル技術がもたらすデータ活用についても述べている[29]。これは組織にとっての公文書管理、というだけではなく官民、また国民に広く利活用されるデータとしての公文書のあり方を示したものであり、オープンガバメントやオープンデータの思想も背景にみてとれる。

　報告書は、メタデータの重要性と、その作成を出来るだけ標準化していくような公文書管理に係る業務システムにおいて、メタデータが自動的に付与される仕組みの構築を求めているが[30]、こうした考え方もデータを如何に利活用できる形で管理していくか、という視点に基づくものであるといえよう。また電子媒体については紙媒体と異なり、物理的実体によって文書の真正性を担保することは出来ず「同一内容の文書を複製することが容易であり、

特定の電子媒体が正本・原本であるかを確定する実益がない[31]」。この点からもメタデータの重視が通底されている。

その上で、システム面においては、ストレスフリーなものを目指すため、利用者の利便性(UI、UX)を重視し、制度面においては、とりわけ運用段階において「これまでの公文書管理の規定やマニュアルは、厳格な管理を追求した結果として、数百ページ以上にもわたるものになっており、その全てを把握して運用することは困難である。デジタル化の検討に合わせて、義務的事項、望ましい事項、柔軟な対応が可能な事項などを明確に整理し、適正を確保しつつ、現場で合理的に機能するものにするという発想でルール整備していくことが必要[32]」とされている。こうしたデジタル時代における公文書管理については、求められる知識やリテラシーも変化することから、そのための研修の必要性と、情報システムと連携し、各府省公文書監理官室(CRO室)において、人材の育成確保を図る必要がある、とされた[33]。

4-3 大学経営とデータ連携

以上、デジタルワーキング・グループの報告書「デジタル時代の公文書管理について」を通じて、国の公文書等の管理に関する法律施行令やガイドラインの改正の背景にある考え方を確認してきたが、これら一連の改正は、国立大学にも係っていくものであることから、大学においても公文書の電子的な文書管理が求められていくことになる。ところで国立大学では前述の通り、国立大学法人化以降、大学経営上での各種評価が求められていったが、加えて大学ガバナンス改革も2010年代以降強く求められるようになっていく。中教審大学分科会が2014年にまとめた「大学のガバナンス改革の推進について」(審議まとめ)では、

　「適切なガバナンスを働かせるためには、まず何よりも、学長が各学部の事情を十分に把握した上で、改革方針を策定していくことが必要である。学長を補佐する教職員が、大学自らの置かれている客観的な状況に

ついて調査研究するIR（インスティトゥーショナル・リサーチ）を行い、学内情報の集約と分析結果に基づき、学長の時宜に応じた適切な判断を補佐することが重要である³⁴⁾」

とされ、文部科学省では2015年に第3期中期目標期間（2016〜2021年度）における改革の方向性を示す「国立大学経営力戦略」を策定した際にも、IR体制の充実などを通じた教育研究活動の活性化や新たに当該大学の強み・特色となる分野の醸成、学長を支援する体制の強化を求めた[35]。この結果、第3期中期目標・中期計画において多くの国立大学がIRへの取り組みを模索していくことになる。

　また、財務情報の公開義務は国立大学法人化以降義務づけられていたが、大学が国の運営交付金が減少していく一方、外部資金獲得や社会連携強化の動きを増していく中、様々なステークホルダーに大学が生み出す価値への認識を深めていくツールとして、2018年に東京大学が財務情報と非財務情報（教育、研究、社会連携など）をまとめた統合報告書公開を始め[36]、その後多くの大学でも統合報告書が作成されていくことになる。こうした大学ガバナンス強化と社会との共創の中で、大学の情報に関するデータ収集・分析・公開が進展してきている。

5　おわりに

　以上みてきたように、2020年代に至るまで、大学の質保証、オープンサイエンス、公文書管理などの様々な政策や意図から、教育、研究、経営に関する大学の情報は公開され、デジタル化の推進とデータ利活用の方向性をたどっているといえよう。一方で、大学の情報が有機的に結びつきデータ連携が進展する上ではいくつか課題も残されている。紙数も限られていることから、ここでは公文書管理の文脈からその課題についてみていきたい。

　公文書管理法によって国立大学においては、文書のライフサイクルのもと、

保存期間が満了し非現用となった文書のうち、大学の歴史的に重要な法人文書は、国立公文書館等指定施設のもとで、特定歴史公文書等として保存され、適切な公開がなされることとなった。しかし、86ある日本の国立大学の中で、国立公文書館等指定施設を有しているのは2022年現在、12大学である[37]。前述の通り、国立公文書館等における国立大学の割合は大きいものの、国立大学全体の中で国立公文書館等の指定を受けている大学アーカイブズの設置は一部に留まっているという見方も出来る。

　また、現用文書の管理についても、2021年における筆者の調査によれば、公開している法人文書ファイル管理簿のうち、検索システムを採用しているのは86大学中35大学となっている。また、国立大学の法人文書ファイル総数中、電子媒体を正本として法人文書が登載されている比率は約1.3％と非常に少ない[38]。また一般に大学が公開している各種情報について、その出典を法人文書ファイル管理簿と紐付けて提示している事例はほとんどない。これは正本として法人文書ファイル管理簿に登載されている法人文書の媒体がほぼ紙であることと裏腹の関係にある。すなわち、大学が電子化されたデータを公開していく方向にある一方で、業務に係る法人文書の作成、保存は紙ベースであり、電子化への移行はこれまでほとんど行われてこなかったのである。法人文書ファイル管理簿は、保存期間満了前に公開している電子データとの紐付けが十分想定されていなかったといってよい。

　本来、公文書管理法施行令やガイドライン改正によって求められる、公文書の電子的管理は、文書の作成段階での信頼性や利活用段階における真正性、全般的なアクセス保証の重要性など[39]、大学が進めてきたオープンサイエンスと研究データの管理とも親和性のある議論といえる。しかし公文書管理法施行令やガイドライン改正に伴って、電子公文書の管理プロセス構築にあたっての財源が措置されているわけではない。国の行政機関とは異なり、文書管理システムの設計・調達に関して、運営交付金が減少傾向の各国立大学では体力がない。NIIの支援を通じて、各国立大学図書館における機関リポジトリの運用の進展が図られたように、大学経営のデータと業務における文

書管理について、DX化を推進するための財政的裏付けを担保する政策が必要不可欠である。

　また、大学においては大学単体の財源だけではスクラッチ（ゼロから新たにシステムを開発すること）で文書管理システムを構築することは難しく、既に市場に提供されている各種サービスを活用せざるを得ない。その場合、押印省略や原義決裁のための文書管理システムと、日常業務システム（グループウェア）、決裁文書以外のデータを格納するクラウドサービスなどをどのように連携させていくのか、という視点が欠かせない。しかし大学アーカイブズがそもそも未設置の国立大学が多い現状では、現用、非現用を通じた統一的な、電子文書管理を構築出来る人材は決定的に不足している。このため、各種サービスが分離することで、狭義の公文書概念が適用されてしまう可能性が高い。今後の大学の情報をデジタル公共文書として社会が利活用していくためには、そうした人材養成と適切な配置もまた欠かせない論点といえる。

注
1)　本書終章、福島幸宏「「デジタル公共文書」の議論と公共の再定義」参照。
2)　西山伸(2008)「大学沿革史」『学校沿革史の研究総説　野間教育研究所紀要第47集』学校沿革史研究会編, 野間教育研究所, 70-71.
3)　東京大学百年史編集委員会編(1986)『東京大学百年史　通史三』東京大学, 875-876.
4)　前掲「大学沿革史」77-80.
5)　加藤諭(2019)『大学アーカイブズの成立と展開——公文書管理と国立大学』吉川弘文館.
6)　「国立大の情報公開促進　法令で義務付け検討／文部省」『読売新聞』1998年12月31日朝刊.
7)　文部科学省中央教育審議会大学分科会組織運営部会(第5回)配布資料(2013年10月29日)「大学の情報公表に関する参考資料」(https://www.mext.go.jp/b_menu/shingi/chukyo/chukyo4/035/siryo/__icsFiles/afieldfile/2013/11/05/1340990_5.pdf)(最終アクセス：2023年8月25日)
8)　文部科学省中央教育審議会大学分科会質保証システム部会(2010年4月26日)「教育情報の公表の促進に関する諸施策について(審議経過概要)」(https://www.mext.

go.jp/b_menu/shingi/chukyo/chukyo4/houkoku/1293379.htm）（最終アクセス：2023年8月25日）

9)　宇賀克也(2011)「日本における公文書管理法の制定と今後の課題」『アーカイブズ』45.

10)　このうち名古屋大学では、2011年当初は2部門体制を取らず、2014年度の改組時から部門を分けた。「平成26年度から大学文書資料室が改組されます」『名古屋大学大学文資料室ニュース』31, 2.

11)　「特定歴史公文書等の保存、利用及び廃棄に関するガイドライン」2011年4月1日内閣総理大臣決定（https://www8.cao.go.jp/chosei/koubun/hourei/hozonriyou-gl.pdf）（最終アクセス：2023年8月25日）

12)　西山伸(2011)「公文書管理法の問題点──国立大学法人の立場から」『日本史研究』592, 55.

13)　倉方慶明(2017)「「国立公文書館等」を再考する」『京都大学大学文書館研究紀要』15, 9.

14)　文部科学省科学技術・学術審議会・研究計画・評価分科会・情報科学技術委員会・デジタル研究情報基盤ワーキング・グループ（2002年3月12日）「学術情報の流通基盤の充実について」（https://www.mext.go.jp/b_menu/shingi/gijyutu/gijyutu2/toushin/020401.htm）（最終アクセス：2023年8月25日）

15)　東京大学附属図書館(2017)『オープンアクセスハンドブック　第2版』7-10.（https://www.lib.u-tokyo.ac.jp/ja/library/contents/oahandbook）（最終アクセス：2023年8月25日）

16)　文部科学省高等教育局高等教育企画課高等教育政策室（2013年3月）「学位規則の一部を改正する省令の施行について」（https://www.mext.go.jp/a_menu/koutou/daigakuin/detail/1331790.htm）（最終アクセス：2023年8月25日）

17)　文部科学大臣決定（2014年8月26日）「研究活動における不正行為への対応等に関するガイドライン」（https://www.mext.go.jp/b_menu/houdou/26/08/_icsFiles/afieldfile/2014/08/26/1351568_02_1.pdf）（最終アクセス：2023年8月25日）

18)　日本学術会議（2015年3月6日）「科学研究における健全性の向上について」（http://www.scj.go.jp/ja/info/kohyo/pdf/kohyo-23-k150306.pdf）（最終アクセス：2023年8月25日）

19)　京都大学役員会承認（2015年4月28日）「京都大学オープンアクセス方針」（http://www.kulib.kyoto-u.ac.jp/uploads/oapolicy.pdf）（最終アクセス：2023年8月25日）

20)　閣議決定（2016年1月22日）「第5期科学技術基本計画」オープンサイエンスの推進参照（http://www8.cao.go.jp/cstp/kihonkeikaku/5honbun.pdf）（最終アクセス：2023年8月

25日）

21）　閣議決定（2011年8月19日）「第4期科学技術基本計画」（http://www.mext.go.jp/component/a_menu/science/detail/_icsFiles/afieldfile/2011/08/19/1293746_02.pdf）（最終アクセス：2023年8月25日）

22）　前掲「第5期科学技術基本計画」

23）　閣議決定（2021年3月26日）「第6期科学技術・イノベーション基本計画」（https://www8.cao.go.jp/cstp/kihonkeikaku/6honbun.pdf）（最終アクセス：2023年8月25日）

24）　五島敏芳（2013）「京都大学研究資源アーカイブの活動」『記録と史料』23, 62-64.
　　　学術資産アーカイブ化推進室（2018）　「「東京大学デジタルアーカイブズ構築事業」について」『東京大学情報学環社会情報研究資料センターニュース』28, 1-2.

25）　行政文書の管理の在り方等に関する閣僚会議（2018年7月20日）「公文書管理の適正の確保のための取組について」（https://www8.cao.go.jp/chosei/koubun/koubun_kansatsu/honbun.pdf）（最終アクセス：2023年8月25日）

26）　内閣総理大臣決定（2019年3月25日）「行政文書の電子的管理についての基本的な方針」（https://www8.cao.go.jp/chosei/koubun/densi/kihonntekihousin.pdf）（最終アクセス：2023年8月25日）

27）　公文書管理委員会デジタルワーキング・グループ（2021年7月）「デジタル時代の公文書管理について」（https://www8.cao.go.jp/koubuniinkai/digitalwg/houkokusho.pdf）21頁（最終アクセス：2023年8月25日）

28）　前掲「デジタル時代の公文書管理について」21頁

29）　前掲「デジタル時代の公文書管理について」3頁

30）　前掲「デジタル時代の公文書管理について」2, 23頁

31）　前掲「デジタル時代の公文書管理について」19頁

32）　前掲「デジタル時代の公文書管理について」33頁

33）　前掲「デジタル時代の公文書管理について」33頁

34）　文部科学省中央教育審議会大学分科会（2014年2月12日）「大学のガバナンス改革の推進について」（審議まとめ）（https://www.mext.go.jp/component/b_menu/shingi/toushin/_icsFiles/afieldfile/2014/02/18/1344349_3_1.pdf）19頁（最終アクセス：2023年8月25日）

35）　文部科学省（2015年6月16日）「国立大学経営力戦略」（https://www.mext.go.jp/component/a_menu/education/detail/_icsFiles/afieldfile/2015/06/24/1359095_02.pdf）（最終アクセス：2023年8月25日）

36）　東京大学統合報告書製作委員会編（2018）『東京大学 統合報告書 2018　IR（Integrated Report）× IR（Institutional Research）』東京大学経営企画部IRデータ課.

37） 倉方慶明（2018）「大学アーカイブズの現状と課題」『歴史学研究』974, 39.

38） 加藤諭「その明示的決定・管理プロセスは構築可能か」オンライン開催『ラウンドテーブル　デジタル公共文書を考える——公文書・団体文書を真に公共財にするために』2021年1月12日.

39） デュランチ，ルチアナ（古賀崇訳）（2013）「〈講演〉デジタル記録の信用性　インターパレス・プロジェクトの成果」『京都大学大学文書館研究紀要』11.

第3章

「デジタル公共文書」と民間資料

—— 市民活動資料の視点から

山本唯人

1　はじめに

　近年、市民活動資料と呼ばれる民間資料を保存・公開しようとする動きが
進められている。市民活動資料とは、主に高度成長期以降、社会的な課題解
決に取り組んだ市民運動や住民運動、あるいは、現代のNPO、NGO、ボラ
ンティア団体などの活動に関連する資料を幅広く指して使われる用語である。
こうした、民間資料の新たな領域を、デジタル公共文書という問題意識と交
差させて見た場合、どのような論点が浮かび上がってくるか。環境問題に関
する市民活動資料を保存・公開する、環境アーカイブズの運営に携わる立場
から考察したい。

　「デジタル公共文書」という概念には、二つの側面から、「公文書」の概念を
拡張しようとする意図が込められている。第一は、資料の範囲である。「公
共文書」の概念を用いることで、行政府の文書を主な対象とする「公文書」の
範囲を、立法府や司法府、さらには、政策決定に至るまでの官僚のメモや
与野党間の法案修正協議の記録、政策立案の委託を受けたシンクタンクや
NPOなどの民間セクターにまで広げて、考えてみようという提案である[1]。
市民活動資料として保存・公開される資料の多くは、必ずしも、政策決定へ
の関与の記録という視点で、収集されたものではない。しかし、政策決定の
プロセスが「官」に独占されていた時代に、その不備を民間の立場から指摘し、

結果として政策やそれを動かす行政機構のあり方を根源的に問い直す役割を果たしたという意味では、情報公開の拡大を求める問題意識と、共鳴する部分がある。政策決定との関わりという視点で、市民活動資料の意義を見直すことは、これまで、低調だった市民活動資料の「公共性」という論点に、新たな側面から光を当てる可能性がある。一方、あくまでも民間の資料である市民活動資料に、「公文書」の概念を拡大的に当てはめることの問題点もある。

　第二に、活用の側面である。「デジタル公共文書」には、デジタルデータを適切に管理することで、民間資料の公共的な利活用を促進し、新しい知識や社会生活、産業を生み出す源泉にしていこうとする意図がある。市民活動資料のメインは、インターネットが登場する以前の資料であり、大部分が紙資料からなっている。資料全体をデジタル化し、検索システムに乗せるには膨大な作業が必要であり、本格的なデジタルアーカイブズを構築できている事例は少ない。デジタル化に要するコストに対して、どの程度、どのように資料の活用が促進されるかも未知数である。

　「資料の範囲」と「活用」のあり方——この2つの側面で、古典的な「公文書」の概念を、「デジタル公共文書」に拡張しようとするとき、どのような課題が生じるか。それを、従来は「公文書」の外側に置かれてきた、「市民活動資料」という民間文書と交差する領域から照射する形で検討したい。具体的には、第一に、「デジタル公共文書」と「市民活動資料」の重なり合う領域とそこでの課題を見た上で、資料の保存・管理・公開における、公的セクターと民間セクターの丁寧な連携の必要性を論じる。第二に、環境アーカイブズの活動を事例に、文脈情報を把握する難しさ、適切な権利関係の処理など、市民活動資料に特徴的な活用の課題を指摘して、段階的にデジタル化を進める作業モデルを提示する。

　最後に、これらの論点をまとめ、今後の展望を述べて結論とする。

2　市民活動資料とは

　はじめに、市民活動資料の概念を見よう。

　平川千宏の整理によれば、「市民活動」とは、「市民たちが自発的に(自発性・主体性の原則)」、他者や社会のために(社会性・連帯性の原則)」、営利を目的とせずに(非営利性)行う」活動を指す[2]。具体的には、「1950年代後半からの市民運動、1960年代からの住民運動、1990年代半ばからのボランティア活動を含むNPO・NGOの活動」がその対象となる。さらに、「市民運動」「住民運動」「NPO・NGO」などの概念がなく、「国民運動」「大衆運動」「サークル運動」などと呼ばれていた運動も、それらと共通する面を持っているため、市民活動の視野に入れて考える。

　平川の定義によれば、市民活動の上位の概念に「社会運動」があり、「市民活動」は「市民が行う活動」を指すため、「労働者が行う労働運動」や「学生が行う学生運動」は含まないとする。ただし、「社会運動」が「市民活動」の上位かどうかは議論のあるところであり、労働運動・学生運動と市民活動についても、重なる場合はあるだろう[3]。

　また、市民が「自分たちのためにのみ行う趣味のための活動」なども含まないとされる。この点についても、しばしば、趣味・文化の活動と社会に働きかける活動の境界は流動的であり、場合によって、その線引きは難しい[4]。

　「市民活動資料」とは、広い意味で、こうした「市民活動」に関連して、生み出された資料のことを指す。「市民活動資料」の種類としては、①市民活動の中で生み出された資料、②市民活動の中で集められた資料、③市民活動に役立つ資料がある。③は市民活動自身が生み出したり、収集した資料ではないが、市民活動に対して何らかの意味で有益な役割を持つ資料である。例えば、団体外部の研究者やジャーナリスト、報道機関などが集めた市民活動の記録などは、③の意味で市民活動資料に含めて考えることができる。

　資料の形態としては、紙資料(印刷物・文書など)、音声資料(録音テープ)、映像資料(写真・ビデオテープ・映画フィルムなど)、マイクロ資料、電子資

料(CD-ROM・DVDなど)、博物(モノ)資料などが挙げられる。

このような意味での「市民活動資料」の継続的な収集・保存が始まったのは、比較的新しい現象であり、その概念自体も形成途上にある。具体的には、「市民活動記録」「運動記録」「社会運動資料」など、少しずつ力点の異なる複数の用語が、場合に応じて使い分けられている状況にある[5]。

以下、これらの概念が整理されるきっかけになった、2000年代以降の専門的なアーカイブズ機関の設立、共同研究の進展、全国的な資料調査などの動きを見よう。

第一に、住民図書館、アジア太平洋戦争資料センター(PARC)などの資料を引き継いだ、立教大学共生社会研究センターの事例である。1997年、埼玉大学経済学部社会動態センターが設立され、市民運動・住民運動等の原資料を保存・公開した。2001年、同センターは共生社会研究センターに改組され、そこに、1973年から海外機関誌等を収集してきたアジア・太平洋資料センター(PARC)の資料、および、1976年から全国のミニコミを所蔵していた資料が寄贈された。

2010年、埼玉大学のセンターが所蔵していた資料が、立教大学に移送され、両大学により共同所有・共同管理されることになり、その受け皿として立教大学共生社会研究センターが設立された[6],[7]。

第二に、東京都立多摩社会教育会館市民活動サービスコーナーの資料を引き継いだ、法政大学大原社会研究所環境アーカイブズの事例を見る。東京都立多摩社会教育会館(創立時は東京都立立川社会教育会館)市民活動サービスコーナーは、1972年、美濃部都政の下で、多摩地域における市民団体のミニコミ、パンフレット、ビラ、ポスターなどを収集し、公開する活動を始めた。2002年、石原都政の下で、同コーナーが廃止されたことを機に、その所蔵資料の保存運動が起こり、2011年、救出された資料一式が、法政大学サステイナビリティ研究教育機構(以下、「サス研」と略)に移送された(2012年寄託、2013年寄贈)。この資料群が、2013年にサス研から統合された法政大学大原社会問題研究所環境アーカイブズで、所蔵・公開されている(資料

群名「東京都立多摩社会教育会館旧市民活動サービスコーナー資料」）。

　さらに、資料の保存運動に携わったグループが、民間団体「ネットワーク・市民アーカイブ」を設立し、独自の施設「市民アーカイブ多摩」を拠点に、2002年以降に収集したミニコミの公開を続けている[8]。

　第三に、博物館における共同研究の事例である。2015〜2017年度、国立歴史民俗博物館で共同研究「「1968年」社会運動の資料と展示に関する総合的研究」が設立され、2015年、『歴博』第192号・「近現代日本の社会運動資料」特集を刊行、2017年、その成果が企画展示「「1968年」──無数の問いの噴出の時代」として開催された[9]。

　第四に、全国的な資料調査の事例である。2005年、市民・住民運動資料研究会（代表平川千宏）による「市民活動資料の保存・整理・公開に関する全国調査」が実施され（2006年、報告書刊行）、市民活動資料の全国的な所在状況が明らかになった。2020年、その成果を踏まえ、平川による著書『市民活動　資料の保存と公開──草の根の資料を活用するために』（日外アソシエーツ）が刊行された。本書は、今のところ、市民活動資料について概説した唯一の単行本になっている。

　このように、市民活動資料を収集する動きは、1970年代、全国的に湧きおこった住民運動や市民運動を背景に、それらの資料を、民間ベースで独自に収集・公開する取り組みに始まった。2000年代以降、そうした先行世代のコレクションを引き継いで、大学附置の施設などで、専門的なアーカイブズ機関が設立された。こうした動きと並行して、国立博物館での「社会運動資料」をテーマにした共同研究・展覧会の開催、また全国的な所蔵状況の調査なども行われた。このような機運を背景として、「市民活動資料」がアーカイブズの独自な対象の一つとして認知され、活用の取り組みが深められたのである。

3　公共文書と市民活動資料の接点

　以上の整理を踏まえ、「デジタル公共文書」という問題提起の、第一の側面について、検討しよう。市民活動資料を、「公文書」概念の拡張である「公共文書」という観点から見ることで、どのような論点が浮かび上がってくるだろうか。

　アーカイブサミット2018-2019で、「公共文書」の概念を提起した瀬畑源は、『公文書問題——日本の「闇」と核心』(集英社、2018年)、『国家と記録——政府はなぜ公文書を隠すのか？』(集英社、2019年)などの著書を通じて、情報公開制度の根拠として「知る権利」を求める動きがあり、公務員が説明責任を果たし、政策決定の「プロセスを明示する」ことが、民主主義の根幹を支えていると指摘する。そして、1970年代以降、日本で情報公開に関心が寄せられる背景の一つとして、大気汚染や水質汚濁などの公害問題やスモンなどの薬害問題、食品の安全の検証といった市民運動が盛んとなり、データ公表を拒む行政機関に対する反発が強くなっていったことを挙げる。市民活動資料の保存・公開を求める活動が焦点を当ててきた、高度成長期以降の市民運動や住民運動と、情報公開を求める市民運動の間には、「データ公表を拒む」ような行政のあり方を批判し、その変革を求めるという点で、重なる領域があることが分かる。一方、市民活動資料を論じた文献に、情報公開制度の拡大や「知る権利」に答えるという文脈で、市民活動資料の「公共性」に触れた研究は意外なほど少ない。

　そうしたなかで、平川千宏の『市民活動　資料の保存と公開——草の根の資料を活用するために』は、資料の保存・公開に当たって「公立機関の役割」を強調する立場から、いくつかの論点を指摘した、貴重な研究である。平川は、市民活動資料の保存・公開に当たって、「公立機関の役割を重視したい」と述べ、その理由として、「それは、かなりの財政的基盤をもち、永続性のある組織でなければ(それとて運営は大変だろう)、困難だと思うからである」とする。市民活動資料が民間の資料である以上、その作成主体である民

間でそれを保存・公開することが、活動の基本的なカタチとなる。しかし、任意ではじまり、目的を果せば終わる姿を原則とする市民活動と、永続性を前提にした資料の保存・公開との両立は難しい。従って、そこを支えるのは「公立機関の役割」になるということである。

　では、なぜ公立機関は、行政の記録ではない民間の資料を保存・公開する必要があるのか。これについては、「社会的に必要であって、民間ではできないこと、困難なことは、やはり国や自治体が責任をもって行うべきである」と説明されている。この「社会的な必要」の中身については、明示的に論じられていないが、平川らの全国調査に基づいて分類された、市民活動の内容は参考になる。平川の分類によれば、市民活動の内容は、「市民活動総合」「平和・憲法・基地」「沖縄(復帰・基地・平和)」「環境・公害・開発」「原子力発電」「産業廃棄物・ごみ」「災害」「自然保護」「医療・薬害・食品公害」「農業・食品」「人権」「障害者」「女性」「教育・こども」「地域活動・町づくり」「社会・労働」「文化」「交流」「国際協力」の19分野に分けられる。

　これらの分野はいずれも、人びとの生存・生活の根幹に関わるという意味で社会的に重要であると同時に、政府の実施する政策の中核的なイシューをなすものばかりである。とりわけ、大きな社会運動となり、結果的に既存の政策や行政機構のあり方を変革するに至った場合、それらの活動は、政策決定のプロセスの社会的・歴史的前提を把握する上で欠かせないものとなる。その意味で、ある市民活動が、持続的にしかも一定の規模で展開され、中央政府や自治体の政策の問題点を広く社会に伝え、そのあり方に影響を与えた場合、当該の市民活動資料の保存・公開を、「社会的に必要」であると評価する理由の一つになるのではないか。

　このように、「公共文書」という概念には、政策決定との関わりという視点から、市民活動の社会的・歴史的意味を捉えなおし、両者の重なる領域について、「知る権利」の対象となる文書の範囲を、一定の基準や手続きを踏まえて、民間資料の一部にまで拡張する意義がある。例えば、上記の「公共文書」の問題意識に比較的近いと思われる活動が、国の行政機関によって取り組ま

れた事例として、厚生労働省が研究費を出して、薬害資料アーカイブズの基盤構築に関与する、「薬害資料データ・アーカイブズの基盤構築」に関する研究事業がある[10]。

　本事業は、2010年4月、「薬害肝炎事件の検証及び再発防止のための医薬品行政のあり方検討委員会」による、「すべての国民に対する医薬品教育を推進するとともに、二度と薬害を起こさないという行政・企業を含めた医薬関係者の意識改革に役立ち、幅広く社会の認識を高めるため、薬害に関する資料の収集、公開等を恒常的に行う仕組み（いわゆる薬害研究資料館など）を設立するべきである」との指摘に基づく。2010年7月、厚生労働省に「薬害を学び再発を防止するための教育に関する検討会」が設置され、「薬害に関する資料収集・公開等の仕組みが持つべき機能として展示・収集保存・調査研究・教育啓発等があるなど、多岐にわたるが、全体的に薬害関係資料の把握が必要だ」と意見が出された。その実践として、2013年度より、厚生労働省科学研究費事業が途切れることなく続いている。薬害を学ぶためには、厚生労働省の文書や製薬企業の文書が必要だが、行政文書の公開は質量ともに十分ではなく、企業文書の公開の可能性は低い。それに対して、民間である被害者団体の文書が、「行政や製薬企業のアーカイブズ資料へのアクセスが著しく制限されている現状では、薬害発生の経緯を検証し、再発を防ぐための知見を得るために」、重要な役割を果たすとして、積極的に所在状況の調査、資料の収集・整理、公開に向けた基盤整備が進められている。

　被害者団体の活動は、薬害を広く社会に認知させると共に、薬事行政の変革に決定的な影響をもたらした。現在では「当たり前」のものとなっている薬事行政は、まさにこれらの被害者運動がなければありえなかった。従って、なぜ、そのような薬害が起きたのか、そして防げなかったのか、現代の薬事行政の根拠を学び再発を防止するための基盤として、被害者の声を記した被害者団体の資料が、薬害資料アーカイブズの基盤構築の対象になっているのである。

　戦後の統治のあり方の変遷を通観したとき、民主化と高度成長を背景に全

国で起きた市民運動や住民運動は、それまでの閉鎖的な統治の問題点を根源的に問い、そのあり方に大きな変革をもたらした。そうした活動から生まれた資料を、「公共的」な性格を持つ民間資料と位置付けて、公的機関の支援のもとに保存・公開するという視点は、薬害のみならず、同時代の多様な領域における社会問題、市民活動に当てはまる可能性があるだろう。一方、こうした意義を認めた上で、あくまでも民間の資料である市民活動資料に、「公文書」概念の拡張である「公共文書」の概念を、直接当てはめようとすることの問題点もある。

　第一に、強制的な権限によって情報を集めるがゆえに、法制度によってその「公開」が義務付けられる行政の文書と違い、民間にとって、「公開」を求めるのは権利であり、資料の提供は資料作成者（原所蔵者）の自発的な意思によらなければならない。例えば、平野泉は、そうした原則が侵された事例として、アメリカの捜査機関が民間団体にアーカイブズ資料の提供を求め、訴訟で争った事件などを紹介している[6]。

　第二に、市民活動資料を保存・公開する活動が、行政機関に一元化されてしまった場合の弊害である。市民活動資料は、行政に批判的な活動の結果、作成されたものが多い。そのような資料が行政に移管される場合、保存・公開の方針が、活動の本来の趣旨から外れてしまわないように、資料提供団体とアーカイブズ機関の間でその意図を共有しておく必要がある[11]。また、資料の移管と共に、提供団体の関与が失われると、行政や議会の一存で、アーカイブズ機関の廃止や特定資料の廃棄が決定され、一気に資料が存亡の危機に立たされることもある[12]。

　第三に、モデルの多様性である。市民活動資料の保存・公開に、「公的機関の役割」の重要性を強調する平川も、その前提として、保存・公開のあり方の「現状は多様であり、多様であっていい」と指摘する。公的機関が、市民活動資料の保存・公開を支援するあり方も、行政がまるごと資料を引き受けて、公開する方法が適している場合もあれば、あくまでも、保存・公開の主体は民間が担い、間接的に助成金などで支えるカタチ、あるいは、薬害資料

アーカイブズのように、行政・民間を横断して、資料の検索・利用のネットワークの構築に関与する方法もあるだろう。資料の置かれた状況に応じて、それにふさわしい保存・公開の方法が、柔軟に採用されることが望ましい。

　このように、市民活動資料の意義を「公共文書」という視点から評価し、保存・公開を促進することは、これまで、一般の人びとにアクセスの難しかった一部の民間資料を広く公開するきっかけとなる可能性がある。しかし、そこには、いくつもの課題や危険性もあり、実際にそれを進める過程では、その意図や運用のあり方について、行政と民間の丁寧な連携が求められる。

4　デジタル化の効果——市民活動資料の活用をめぐって

　デジタル化と民間資料の活用の促進という課題をめぐって、どのような論点があるかを見よう。これについては、環境アーカイブズにおけるデジタル化の取り組みを紹介しながら、検討する[13]。

　環境アーカイブズは、2009年8月、社会学者・舩橋晴俊を機構長とする、サス研の「環境アーカイブズ・プロジェクト」として設立された。2010年4月、担当教員・金慶南を採用し、法政大学多摩キャンパスに環境アーカイブズ作業室を設置。2011年12月、環境アーカイブズ資料公開室を設立して、所蔵資料を公開した。サス研の運営は、文部科学省の大型助成金に依拠するもので、2013年3月、継続する助成金を獲得できず、サス研は閉鎖された。同年4月、環境アーカイブズは、法政大学の附置研究所である大原社会問題研究所に統合され、「法政大学大原社会問題研究所環境アーカイブズ」として活動を継続している。

　環境アーカイブズ資料公開室のパンフレット[14]によると、その目的は、「国内外の環境問題、環境政策、環境運動の資料を幅広く収集し・整理し、社会に公開をすることで、研究・教育に広く資する」ことにある。従って、環境アーカイブズのテーマは、民間の環境運動だけにとどまらず、環境問題や環境政策を含めて、広く「環境」に関わる資料を対象とする。ただし、「環

境分野の多くの資料は、個人の研究者・環境運動の参加者、あるいは住民運動団体などに所蔵」されており、「それらは、環境問題に関する歴史的経験の記録として貴重であり、その保存は積極的な社会的・歴史的意義がある」と認識されたことから、民間の研究者・活動家、住民運動団体などの資料が重点的に収集されたのである。

　こうした方針のもとに、環境アーカイブズは、2009年8月から2013年3月までに、約850箱の資料を収集した。資料の内容は主に、①薬害関係資料（「薬害スモン関係資料」「サリドマイド事件関係資料」等）、②環境保護・開発反対運動（「自然の権利資料」「徳山ダム建設反対運動資料」「環境ホルモン・ダイオキシン等関係資料」等）、③原子力問題・反原発運動関係資料（「たんぽぽ舎反原発関係資料」「原子力資料情報室寄贈視聴覚資料」等）、④公害関係資料（「水俣病熊本放送映像資料」等）、⑤市民活動一般に関する資料（「東京都立多摩社会教育会館旧市民活動サービスコーナー資料」等）からなる。

　環境アーカイブズにおける「デジタル化」の取り組みは、2つの課題に分かれる。第一に、資料のデジタル化である。環境アーカイブズは、設立当初、すべての資料のデジタル化を目指していた。資料公開室のパンフレットによれば、環境アーカイブズの活動内容は、「資料収集・聞き取り」→「整理・分類・評価」→「電子化（デジタル化）」→「閲覧・公開準備」という4つの行程からなる。資料の電子化（デジタル化）が、資料収集からその公開に至るルーティーン作業に埋め込まれていたことが分かる。しかし、資料のデジタル化は、2015年4月に着任した、第2代の担当教員・清水善仁のときに、一旦停止された。その理由は、デジタル化の作業は資料を一枚ずつスキャンするというもので、かなりの時間を要したことにある。多くの未公開資料を抱えるなかで、「環境アーカイブズが所蔵する資料の存在を明示し、かつ利用者のアクセスを担保するためには目録の公開を優先させることが不可欠」と考え、資料の目録作成に注力する態勢にシフトした[15]。その成果として、2022年3月現在、環境アーカイブズでは一部公開も含めて27資料群が公開されている。清水は次のステップとして、資料のデジタル化を再開し、資料へのアク

セシビリティを高める重要性を指摘している。

　第二に、データベースの作成である。環境アーカイブズでは、データベース・システムを構築していないことから、資料の検索手段は当該資料群のPDF目録であり、パソコンの検索機能等を利用する方式である。この方法での検索は、目録＝資料群単位で完結しており、複数資料群の横断的検索はできない[16)]。通観すると、環境アーカイブズにおけるデジタル化の対応は、その意義は認めながらも、あえて所蔵資料の部分的なデジタル化と、ウエブサイトの簡易な利用にとどめ、その分、所蔵資料の整理・公開というアーカイブズの根幹をなす活動に集中してきた。

　2020年4月、こうした成果を引き継いで、筆者が第3代の担当教員に就任した。そこで、もう一度、デジタル化の課題に向き合う機会に遭遇した。COVID-19の大流行である。環境アーカイブズは、COVID-19の感染拡大への対応として、4月1日から6月30日まで閲覧停止となった。4月8日以降、大学からの緊急通知を受けて業務停止となり、4月14日のテレワーク制導入以降、少しずつ業務機能を回復していった[17)]。この事態を受けて、資料へのアクセシビリティの問題が、閲覧・業務の双方で課題になった。そこで、2021年度後期の事業計画に、従来の問題意識に加えて、ポストコロナにおけるアーカイブズのあり方という観点からも、資料デジタル化の推進とデータベース・システムの構築を盛り込むべきか、改めて検討した。しかし、この時も結果として、主に保存の目的で資料のデジタル化を進めるにとどめ、全面的なその推進とデータベース・システムの構築については、見送ることとした。当面のリモート利用については、電話・電子メールでの問い合わせと、新たに郵送複写サービスを導入して対応することにした。

　こうした、抑制的な対応にとどまった第一の理由は、再びコストの問題である。8月4日、環境アーカイブズのアーキビスト・川田恭子による所内レクチャーを行い、デジタル化の課題を整理した。その結果、データベース・システムの導入には、資料のデジタル化から既存目録の再構成、所蔵資料の特質に合わせたシステムのカスタマイズ、資金の確保、スタッフの職務の見

直しを含む維持管理体制の構築など、紙資料を基本にしてきた組織運営の根幹を、一貫したビジョンと現実性を持ってデザインする必要性が見えてきた。この課題を、コロナの混乱の中、短時間で処理するのは難しく、一定の期間を置き、有益な事例を探索しながら、組織全体を巻き込んで検討するのが適切と判断した。法政大学にはデジタル・ミュージアム機能を中心とするHOSEIミュージアムがある。同ミュージアム・ウエブサイト上の「デジタルアーカイブ」は、階層構造までは表示されないものの、検索機能と簡易なメタデータを付して、資料画像を公開することは可能である。そこで、当面は公開の容易な資料群から少しずつデジタル化を進め、このサービスを利用して、資料のデジタル公開を試行することにした。

　第二の理由は、より本質的な問題として、かなりのコストをかけて導入されるデジタル化が、どの程度、市民活動資料に特徴的な活用の課題に答えてくれるかが、見えないことである。データベースによる検索は、個別の資料を大量に、あえてそれが埋め込まれていた文脈から切り離すことで、新たな視点や問題意識による発見に開いていく点ですぐれている。一方、そうした「脱文脈化」を徹底して推し進めるだけに、一旦発見された資料を解釈する局面では、理解の文脈の適切な再構成（「再文脈化」）が必要となる。そのためには、資料群単位での編成や文脈情報の把握など、アーカイブズの基本を踏まえた、良質なメタデータの整備が欠かせない。ところが、資料の作成や選別・移管のプロセスに、明文化されたルールを持たない多くの市民活動資料は、メタデータの前提になる、資料群単位での文脈情報の把握が難しいという特徴がある。こうした状況への手当てなく、デジタル化を進めても、解釈に必要なメタデータが「薄い」ため、データの「検索」はできても、どこまで豊かな「活用」を引き出せるかは未知数である。

　市民活動資料の専門機関である立教大学共生社会研究センターのアーキビスト・平野泉は、運動する当事者は、現用段階から記録を「管理」する活動に時間をかけられず、記録は活動が終わった段階で一気に非現用化する。すると、結果的に活用の難しい資料が残されるという「悪循環」があると指摘す

る⁶⁾。文脈情報の把握が難しいという市民活動資料の特徴は、こうした、市民活動が置かれた構造的な状況と結びついている。そのため、市民活動資料の活用を促進するには、資料編成の検討や目録作成の際に、資料作成者への聞き取りや関連資料の収集など、資料の文脈を補足するための資料を、通常のアーカイブズよりも一歩深く収集し、その情報を目録の備考欄や機関内部の関連資料として、きめ細かく蓄積することが必要になる。

　市民活動資料の活用に特徴的なもう一つの課題として、個人情報や著作権などの権利関係の処理という問題がある¹⁸⁾。社会問題の当事者や権力と闘った個人の記録、もしくはその著作を含む市民活動資料は、配慮すべき個人情報や著作権の固まりであり、そうした情報の扱いに格別な慎重さを要する。ところが、こうした情報の多くは、活動する個人や私的な人脈を通して収集されるため、資料が一旦活動の現場から切り離されて、アーカイブズ機関に移管されると、その活用について許諾を得ることが極端に難しくなるという特徴がある。一方で、被害者や活動した個人の名前、あるいは、個人の立場で書かれた記録などは、個人の尊厳を体現し、活動の核心に関わるものであることも多い。専門的なアーカイブズ機関への資料の移管は、保存・公開という意味では有利だが、活動の意義を伝える上で重要な情報が、権利処理の難しさから、機械的にマスキングされかねないというジレンマを抱えている。こうしたジレンマを回避するには、資料がアーカイブズ機関に移管された後も、できるかぎり、日ごろから資料作成団体と相談し合える関係を維持し、権利関係の扱いについても何らかの共通了解を作っておくことが望ましい。逆に、そうした関係を基盤に、資料の活用に許諾が得られれば、資料デジタル化の推進、データベースとの接続を通じて、爆発的に利用を広げられる可能性を持つ。

　こうした市民活動資料の活用に特徴的な課題は、いずれも、資料作成者との濃密なやりとりが必要であり、団体の解散や関係者の高齢化が進む中で、対応可能な時期に限度があることも注意が必要である。このように整理すると、市民活動資料のデジタル化をその活力ある利用につなげるには、第一に、

豊かなメタデータ整備の前提として、資料の文脈情報の把握や権利関係の処理などの取り組みをていねいに進めた上で、第二に、その成果が一定の厚みを持って蓄積された資料群から、まとめてデジタル化を進めて活用を図るという、2段階の作業モデルが仮説として想定できる。

　資料の豊かな活用とは、一点の資料を取り出したときに、その一点の背後にある活動の文脈を、厚みのあるメタデータで補って、その資料を解釈できることを指す。例えば、環境アーカイブズでは、2022年度から、法政大学社会学部1年生対象の初年次教育ゼミで、アーカイブズ活用のガイダンスを実施している。今の大学生に、1970年代以降の多摩地域で、社会問題に取り組んだ、「一つの団体」のミニコミを紹介しても、それだけで、自分の関心と結びつけることは難しい。それは、キーワード検索で、1件のミニコミがヒットし、パソコン画面で閲覧できた場合でも同じである。文脈情報を欠いた資料は、単なる1件の事例か、集計される情報の1件にカウントされるだけで、ばらばらの情報の集まりでしかなくなってしまう。こうした状況を招きやすい、市民活動資料のアーカイブズ機関にとって、通常よりも一歩踏み込んだメタデータの収集や権利関係の処理は、活用機会の拡張を展望する上で、命とも言える重要性を持つ。

　こうした、厚みのある情報環境とデジタルの自由な検索・閲覧システムが結びついた時、利用者は、例えその時代を生きていなくても、そこに「社会問題」があり、解決する「市民の取り組み」があったのだと、読み解くことができる。資料の整理・公開と、デジタル化に関する実務を切り離さず、統合的な一連の過程として捉え、それを段階的に実現していくことが、ここで言う「段階的な作業モデル」の趣旨である。

5　おわりに

　本章では、市民活動資料について最低限の定義を紹介した上で、二つの側面から、「デジタル公共文書」という問題提起との接点について、検討した。

第一に、従来の「公文書」概念を、民間資料を含む「公共文書」という概念に拡張した場合、市民活動資料を保存・公開する活動と、どのような接点があるかという論点である。これまでの研究を踏まえると、市民活動資料は分野的に政府セクターの推進する政策をほぼ網羅する広がりを持つと同時に、「公共文書」という問題提起の理念的根拠となる「知る権利」の拡大と、社会的・歴史的に深く結びついていることが分かる。「公共文書」という問題意識から、市民活動資料の意義を捉えなおすことは、政策決定との関わりという視点を通して、「知る権利」の対象となる文書の範囲を、一定の基準や手続きのもとに、民間資料の一部まで拡大する意義がある。ただし、市民活動資料はあくまでも「民間」の文書であり、その公開が行政によって強制されることがあってはならない。当事者の自発的意思を前提に、その趣旨を確認しながら、固定したモデルにとらわれず、行政・民間の「丁寧な連携」を模索することで、「公共文書」という視点は、これまで一般に知られていなかった市民活動資料の保存・公開を、広く進めるきっかけとなる可能性がある。

　第二に、デジタル化の促進という側面から、どのような論点があるかを検討した。市民活動資料を重点的な資料の一つとして収集してきた環境アーカイブズでは、早い段階から、資料のデジタル化を目標に掲げていた。しかし、紙資料を基本にしたアーカイブズ機関にデジタルの仕組みを接ぎ木する際に、クリアしなければならない課題の多さなど、主にコスト面の理由から、資料整理・公開などの基本的な作業が優先され、デジタル化の推進は限定的にとどまっている状況を紹介した。さらにその背景には、「脱文脈的」な検索を大量かつ徹底的に可能にするデジタル技術の導入と、文脈情報の収集や権利関係の処理について、丁寧な取り組みを必要とする市民活動資料の現場の課題を、いかにすり合わせるかという論点が横たわっている。同じ民間文書でありながら、本章では触れなかった企業文書と市民活動資料の場合の問題意識や置かれた状況の違いという論点も整理する必要があるだろう[19]。

　市民活動資料は、活用の前段に、通常よりも丁寧な取り組みが必要になるという側面と、比較的資料群の単位が小規模で、資料作成者の許諾を得れば

活用できる場合が多いことから、一旦活用の条件が整えば、デジタルとの連携によって、一気に活用を推し進められる有利さがあるように思われる。従って、まずは施設単位で網をかけるようなやり方ではなく、個別の資料を熟知した、専門のアーキビストを中軸に、条件の整ったところから、資料群の単位で、パイロット的に事業を積み重ねていくのがよいのではないか。環境アーカイブズとしても、様々な機会を捉えて、「公共文書」のプロジェクトとの連携、デジタル化の可能性を追求したい。

注
1）「デジタル公共文書」の概念や問題提起については、井上奈智・眞籠聖（2019）「アーカイブサミット2018-2019＜報告＞」Current Aeareness Protal（https://current.ndl.go.jp/e2167）（最終アクセス：2022年3月18日）、『デジタルアーカイブズ学会誌』5（S1），75-82の「ラウンドテーブル「デジタル公共文書を考える——公文書・団体文書を真に公共財にするために」の記録を参照。
2）平川によるこの「市民活動」の定義は、東京ボランティア・市民活動センター（2002）『あなたがはじめる　社会が変わる——市民活動ガイドブック』から引用されたものである。
3）「社会運動」を「市民活動」の下位概念として扱っている文献の一つに町村（2012）がある。町村は「市民活動団体」を「何らかの課題を抱えた社会を市民の側から変えていくことをめざす担い手たちの集合体」と定義し、それは「①自発的に参加した（複数の）個人によって構成され（自発性・集合性）、②社会の何らかのイッシューとの関係で自らの存在意義を語り（イッシュー対応性）、③イッシューの「解決」を目ざして社会に介入する（介入性）、団体である」ことを特徴とする。「こうした「市民活動団体」が展開してきた活動に関わる資料一般」を、「市民活動資料」と呼ぶ。この定義では、「異議申し立て型の市民活動団体」である「社会運動」や「住民運動」は、「市民活動」の下位区分となる。
4）長島（2016）では、東京都立多摩社会教育会館市民活動サービスコーナーの資料が、「いわゆる社会運動」より広範な、「例えば趣味の集まりなどの活動をも含んでいる」ことから、「「一般」市民が「自発的」に結成し、活動してきた諸団体が生み出した資料」を「市民活動資料」と定義する。そのため、活動の「イッシュー対応性」を核の一つとする、町村（2012）の定義よりも「幅広い形でこの言葉を用いる」としている。
5）「市民活動記録」「運動記録」は、立教大学共生社会研究センター・アーキビストの

平野泉が使用する用語である。平野(2016)によれば、同センターが所蔵する資料の総称として「運動記録」を用い、その中が「市民活動資料コレクション」と「アーカイブズ」に分かれるとされており、ここでは「市民活動資料」は「運動記録」の下位区分という位置づけになっているようだ。「社会運動資料」は国立歴史民俗博物館の共同研究「1968年社会運動の資料と展示に関する総合的研究」の周辺で使われている用語で、『歴博』第192号(2015)「近現代日本の社会運動資料」特集などの文献がある。

6) 平野泉(2016)「市民運動の記録を考える——アーキビストの視点から」『社会文化研究』(18), 35-55.

7) 平川千宏(2020)『市民活動　資料の保存と公開——草の根の資料を活用するために』日外アソシエーツ.

8) 東京都立多摩社会教育会館市民活動サービスコーナー資料については、『大原社会問題研究所雑誌』(666)「市民活動・市民運動と市民活動資料、市民活動資料センター」特集、同(777)「図書から広がる市民活動資料の世界——東京都立多摩社会教育会館旧市民活動サービスコーナー資料を考える」の論文、ネットワーク・市民アーカイブ出版プロジェクト(2016)『ようこそ!市民アーカイブ多摩へ——市民活動の記録を残す運動の歩み』参照。

9) これ以外に、「市民活動資料」と密接に関わる活動として、公害資料館ネットワークがある。その概要については、『環境と公害』50(3)「公害資料館の現代的意義と課題」、安藤聡彦・林美帆・丹野春香編(2021)『公害スタディーズ——悶え、哀しみ、闘い、語りつぐ』ころから、参照。

10) 藤吉圭二(2019)「薬害アーカイブズは誰のためにあるのか——厚労省科研共同研究の経験から」『大原社会問題研究所雑誌』(30), 19-38.

11) 平川は「公立の機関であることによって伴いがちな制約」の例として、「新潟県では、新潟水俣病の教訓を後世に伝えるために、2001年8月、県立の資料館「環境と人間のふれあい館」を開設したが、被害者団体から名称や展示内容に批判が出ていて、協議が行なわれている」ことを紹介している。

12) 平川は、東京都が多摩社会教育会館市民活動サービスコーナーを廃止する動きや「東京ウィメンズプラザ」や「東京都障害者福祉会館」が縮小・廃止の危機にさらされていることを紹介しながら、2000年代以降、資料所蔵機関の公立化が進むどころか、「行革」の嵐が吹き荒れていると指摘する。また、埼玉大学社会動態資料センターが、共生社会センターに改組した動きを紹介しながら、大学の「独立法人化」「大学再編」の動きにも注意の目を向けている(平川 2020)。

13) 以下、環境アーカイブズの動きについては、主に(清水 2016; 2019)参照。

14) 法政大学サステイナビリティ研究教育機構(不詳)『環境アーカイブズ資料公開

室』法政大学サステイナビリティ研究教育機構.

15) 清水善仁(2021)「環境アーカイブズでの5年間を振り返って」『法政大学大原社会問題研究所環境アーカイブズニューズレター』(6), 2-3.

16) 清水善仁(2019)「環境アーカイブズ10年の記録」『記録と史料』(29), 22-29.

17) 環境アーカイブズのCovid-19対応の概要については、『法政大学大原社会問題研究所環境アーカイブズニューズレター』(6), 8の「2020年活動報告」参照。

18) このテーマについては、2021年10月10日、立教大学共生社会研究センター主催のオンラインシンポジウム「市民が作る・市民が使うアーカイブズ──アクセスをめぐる課題」で集中的に討議された。

19) 2021年1月12日、ラウンドテーブル「デジタル公共文書を考える──公文書・団体文書を真に公共財にするために」で発表された池貝直人の報告資料では、「民」の持つデジタル情報(データ)を、新しく、公益的な価値創出に活用していく視点が、「デジタル公共文書という問題設定の一つの意義」とされているが、そこでは、政府による民間企業のデータ活用が詳しく論じられていた。

参考文献

安藤聡彦・林美帆・丹野春香編(2021)『公害スタディーズ──悶え、哀しみ、闘い、語りつぐ』ころから.

平野泉(2015)「市民活動記録のコンティニュアム──「賞味期限切れ」から「ヴィンテージ」へ」『アーカイブズ学研究』(22), 72-90.

金慶南・真田康弘・長島怜央・西田善行・森久聡・渋谷淳一(2013)「環境アーカイブズ・プロジェクト──プロジェクトの概要と成果および資料公開室の開設・運営」法政大学サステイナビリティ研究教育機構『法政大学サステイナビリティ研究教育機構総合研究成果報告集』法政大学サステイナビリティ研究教育機構, 101-106.

町村敬志(2012)「市民的アクティビズムの組織的基盤を探る──ミニコミ・アーカイブズの効用」『社会と調査』(8), 38-46.

長島祐基(2016)「都立多摩社会教育会館市民活動サービスコーナー資料とそのアーカイブ化に関する考察」『国文学研究資料館紀要 アーカイブズ研究篇』(12)(通巻第47号), 75-95.

瀬畑源(2018)『公文書問題──日本の「闇」の核心』集英社.

瀬畑源(2019)『国家と記録──政府はなぜ公文書を隠すのか?』集英社.

ネットワーク・市民アーカイブ出版プロジェクト(2020)『ようこそ!市民アーカイブ多摩へ──市民活動の記録を残す運動の歩み』ネットワーク・市民アーカイブ.

市民・住民運動資料研究会(2006)『市民活動資料の保存・整理・公開に関する全国調
　　査報告』市民・住民運動資料研究会.
清水善仁(2016)「日本のアーカイブズ界における「環境アーカイブズ」の位置」『大原社
　　会問題研究所雑誌』(694), 3-13.

第4章

これからの情報基盤と
デジタル公共文書

——DX以降の社会に向けて

林　和弘

1　はじめに

　　デジタル化とインターネットによる情報流通基盤の変革、ならびにその流
通基盤を活用した社会変革は20世紀に始まり21世紀になって本格的に進展
し、COVID-19という予期せぬ大きな社会変革要因によってさらに加速して
いる。日々大量に、また、加速度的に増え続けるデジタル情報の保存と活用
をどうするかはCOVID-19の前から大きな課題であり、行政や公共文書の取
り扱い等に関しても同様である。日本でも2021年(令和3)のデジタル庁の設
置に象徴される今後のデジタル環境の整備を見越して、また、これまで行政
や企業・団体で行われてきた資料や情報の「保存と廃棄、デジタル化活用」の
問題と合わせて、デジタル情報の保存と活用はデジタルアーカイブの観点か
らも大変重要なテーマとなる。特に、利用者(市民、企業人、研究者等)の視
点から、公共的に利活用可能な形で蓄積されるべき「デジタル公共文書」を再
認識し、新しい知識や社会生活、産業を生み出す源泉とするための方策を考
え、また、実践する必要がある [1]。
　　ここで、オープンサイエンスの潮流は、知識をより早く、また、効率よく
生み出し、市民を含む幅広いステークホルダーと双方向に共有することを目

指し、科学を変え、社会を変え、科学と社会の関係性を変えるものとして政策的にも注目されている。そして特に研究データの管理、共有、保存、公開の観点からさまざまな施策が講じられており、研究DXの名の下の活動も活発化している[2]。

　本章は、先の問題意識とともに、デジタルアーカイブとして公共文書を扱うデジタルアーカイブ論の視点から「デジタル公共文書（digital public document）」という概念の意義とその展開の可能性をオープンサイエンスの潮流を踏まえて解説する。そして、デジタル公共文書の可能性とその利活用に関する展望を述べる。

2　公共文書を取り巻く背景の変化

2-1　情報公開とデジタル公共文書の特徴

　まず、紙からデジタル化し、また、データとなる公共文書の新たな可能性を考える上で、公共文書の最重要の役割である「情報公開」の仕組みを再確認する。デジタル大辞林によると、「行政機関などが保有している情報を、国民が知りたいときに自由に知ることができるようにすること」となっており、国民の知る権利を実現することを主眼としている。この情報公開の意義付けは市民に広く知らしめることに主眼が置かれているが、すでに情報が素早く双方向に行き来する現代においては、国民が知った先の利活用をも考慮する必要があり、その情報の利活用がICTの活用によってさらに深化し続けている現状を踏まえる必要がある。紙を利用した一方向かつ限定的な公開では印刷と郵送、そして保存に相当のコストが必要なため、結果的に伝達に時間がかかり、また、その利活用においても、現代から見ると"タイムラグ"が生じていたために、まずは知らしめることに主眼が置かれていた。しかし、デジタルデータの時代、インターネットの時代では、即時活用が前提かつ、サイズも桁違いに増える公共文書の情報公開の時代に移りつつある。あるいは、AIとデータ活用によって、これまでの仕組みでは届きにくい層にも届けら

れるようになり、あるいは、人ではなく機械が文書であろうがデータとして
まず読む(処理する)時代に変化している。

　デジタルアーカイブとして公共文書を見た場合、これまでの紙を用いた恒
久保存の意味合いがより強く、コストの制約などから時系列的にも断片的な
ストックとしてまとめて保存される公共文書のデジタルアーカイブ化が進ん
できた。これが、将来的には、活動ログのようにフローとして多量に細かく
記録されるデジタルアーカイブに移行する、あるいは、そのストックとフ
ローの両方のサービスを実現するシームレスなプラットフォームが生まれる
可能性もある(図1)[3]。

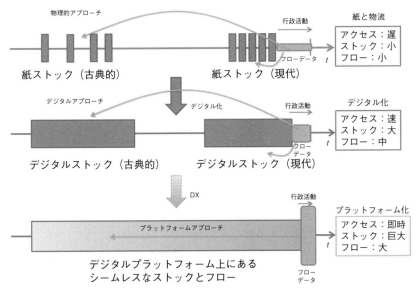

図1　公共文書のデジタル化とプラットフォーム化

2-2　オープンサイエンス政策とその狙い

　前節で述べたデジタル情報の特徴とその流通の背景をもとに、学術情報流
通や科学の変容を促すオープンサイエンスに注目が集まっており、特に政策
として世界的な課題となっている。オープンサイエンスの定義については、

主に科学の研究プロセスをオープンにして研究のスタイルや評価そのものを変える立場と、より包括的に研究成果を幅広く共有して科学に加えて産業を発展させ、社会をより良くする立場がある。例えば、2021年に公表された、ユネスコのオープンサイエンス勧告[4]においては、"オープンサイエンスとは、多言語の科学知識を誰もがオープンに利用でき、アクセスでき、再利用できるようにすること、科学と社会の利益のために科学的な協力や情報の共有を増やすこと、科学知識の創造、評価、伝達のプロセスを従来の科学コミュニティを超えて社会のアクターに開放することを目的とした、さまざまな運動や実践を組み合わせた包括的な概念"としている。

　オープンサイエンス政策の国際的な動きとしては、欧州を筆頭に米国、オーストラリアなど先導的な各国各地域で研究データの利活用に力点を置いてそれぞれ取り組んできたが、G7によるオープンサイエンスWGが欧州と日本の共同議長のもと2016年に立ち上がり、国際的な課題となり、2021年のG7英国サミットにおいて発出された研究協約[5]においては、オープンサイエンスの推進が改めて強調された。その中において、"我々は研究コミュニティやビジネス界との協力を継続し、特に最先端領域における研究のセキュリティの重要性を認識しつつ、知識、データおよびツールを可能な限りオープンかつ迅速に共有する際の障壁を取り除くとともに、オープンサイエンスを促進し、オープンで安全かつ透明性のある形で市民への科学の普及を拡大させ、技術関連のリスクの最小化に努める。"とオープンサイエンスを位置づけている。この流れは、2023年に日本で行われたG7にも引き継がれ、科学技術大臣会合(仙台)、首脳サミット(広島)それぞれにおいて、FAIR原則と共にオープンサイエンスの推進が明記された[6]。

　また、先に述べたUNESCOのオープンサイエンスの定義は、2021年11月のUNESCO第41会総会にて採択されたオープンサイエンス勧告の記述である。この勧告は、国際レベルにおけるオープンサイエンスの共通の定義、共通の価値観、原則、基準を概説し、万人のためのオープンサイエンスの公正かつ公平な運用に資する一連の行動を提案するものである。また、オープン

サイエンスの視点における学問分野や地域の違いを認識し、学問の自由や多様性、そして様々な国、特に発展途上国における科学者や他のオープンサイエンス関係者に特有の課題を考慮し、国の間や国内に存在するデジタル、技術、知識の格差の縮小に貢献するオープンサイエンス政策と実践に関する国際的枠組みを提示することを目的としている。この動きと前後して、OECD (経済協力開発機構) においては、2006年に発行された公的資金を用いた研究成果に関するアクセスに関するガイドライン7)を改訂する形で、公的資金による研究データへのアクセスに関するOECD理事会の勧告4)を2021年1月に採択した。

・より開かれた科学知識
——論文以外の様々な成果もオープンに

・オープンサイエンス基盤（インフラ）
——人と機械が読めるインフラ整備

・社会的アクターのオープンな関与
——市民の参画による新しい研究スタイル

・他の知識システムとの開かれた対話
——先住民や地域が持つ伝統的な知識の導入と活用

図2　UNESCOオープンサイエンス勧告の構成要素

　いずれの政策においても共通している概念は、情報技術の進展に応じて知識をよりオープンにすることで、イノベーションを生み出す新しい仕組みを作り、大規模感染症や気候変動、あるいは格差など様々な社会問題を解決し、社会を変革していこうとするものである。この知識の一つのトピックとしてのデジタル公共文書の果たす役割はこれまで以上に大きくなる。図2はUNESCOのオープンサイエンス勧告の構成要素であるが、科学研究活動を

行政活動に、また、論文や知識を公共文書に置き換えると、デジタル公共文書の可能性についてもある程度見通すことが可能となる。

3　デジタル公共文書の可能性

　本節では、デジタル公共文書の可能性について、オープンサイエンスやDXの潮流から論ずる。

3-1　社会科学のDXとデジタル公共文書

　オープンサイエンスは科学研究の在り方そのものの変容を念頭において、社会科学の変容も促しており、デジタル公共文書は、社会科学のDXを促す駆動要因の一つとなる。象徴的な例としては、日本でも「計算社会科学」（Computational Social Science）が立ち上がり、ビッグデータとAIを中心とした技術の活用を踏まえ、大規模社会データを情報技術によって取得・処理し、分析・モデル化して、人間行動や社会現象を定量的・理論的に理解しようとする学問としての確立を目指している[8]。あるいは、日本学術振興会の支援で、人文学・社会科学データインフラストラクチャー構築プログラム[9]が立ち上がり、人文学・社会科学研究に係るデータを分野や国を超えて共有・利活用する総合的な基盤を構築することにより、研究者がともにデータを共有しあい、国内外の共同研究等を促進することが検討された（図3）。これらの明日の社会科学を構成する重要な要素の一つとして、デジタル公共文書は、政府や行政発出の一定の信頼性が担保された情報として活用されることが見込まれ、またそのことを前提として情報基盤整備に向かうこととなり、社会科学研究の姿を変えていくことになる。

図3　計算社会科学と人文学・社会科学データインフラストラクチャー構築プログラム

3-2　シビックテックと社会課題解決の手法の変容

　技術、知識、知恵を持った市民（プロボノ）が、行政サービスを中心とした社会課題を解決するシビックテックの動きが日本でも広まっている[10]。

　主な活動としては、地域コミュニティの課題解決をめざすものと、技術力向上をめざすもの、社会一般の課題を解決しビジネス展開をめざすもの、行政との協働により変革をめざすものがあるとされ、すでに、郷土災害情報やゴミ収集情報など地方行政サービスの改善に役立つ例もでてきており、行政内部のデジタル化やDXに大きな影響を与えている。また、Code for Japanやシビックテックジャパンなどコミュニティ形成ならびにコミュニティ内での情報共有も進んでいる（図4）。これらの活動の中にデジタル公共文書は重要

な役割をすでに果たしており、信頼のおける公共文書やデータが公開されていることが前提となる。また、すでに、このシビックテックの活動は2次的な公共データを生み出すために市民も関与する仕組みになっている点も注目に値する。先に述べた、情報流通の即時性や双方向性は、情報の発信者と受信者の関係性を大きく変えている。

図4　シビックテックジャパン

3-3　シチズンサイエンスと市民の変容

　情報のデジタル化およびオープン化は、先のシビックテックのような市民の社会課題への関心の拡大のみならず、より純粋な知的好奇心に基づいて、知る、考える機会を大幅に拡大し、シチズンサイエンスの新たな展開として様々な可能性が模索されている[2]。科学の世界では、大学等の研究機関に務める職業科学者ではない者による科学研究がさらに進展し、才能発見の新た

なパスをも生み出そうとしている。日本学術会議においても若手アカデミーが提言「シチズンサイエンスを推進する社会システムの構築を目指して」（図5）をまとめ、市民と協働して科学的価値を生み出す社会基盤の重要性を説いている[11]。

　ここでデジタル公共文書を基軸に置いてこの潮流を捉えた場合、あるデジタル公共文書について、そのデータが生まれた文脈から生まれる好奇心、知的欲求を満たす形での知識生産活動を容易に促進することとなる。それは、これまでのアカデミア側からの社会学的なアプローチだけでなく、市民からのより自由で多様な知識生産のアプローチも可能にする。すなわち、デジタル公共データは、紙の伝達では達成できない知識生産や情報リテラシー向上の新たなスタイル生み出す可能性を有しており、より幅広い知識を早く獲得し、活用する市民の変容をも促している。

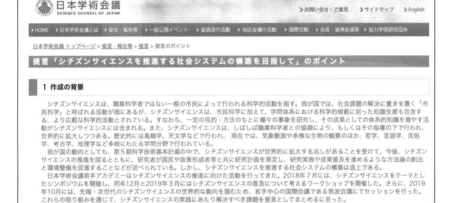

図5　日本学術会議若手アカデミーのシチズンサイエンスに関する提言

4　デジタル公共文書の利活用促進における課題と展望

　ここではオープンサイエンス政策で議論されている内容を援用して、デジタル公共文書の利活用促進における課題と展望を述べる。

4-1　データ(文書)を作る側の課題

　データ作成側が今現在求められている、あるいは今後求められるのは、透明性が高く、再利用がしやすく、また、典拠が追いやすいデータの作成である。これは、概ね研究データにおける FAIR 原則(Findable, Accessible, Interoperable, Reusable)[12]に準拠することと一致し、その情報が発見でき、アクセスでき、通用性が高く、また再利用が可能であることが望ましい。また、データ作成側の中立性・バイアス排除も重要な課題である。完全にバイアスを排除することは原理的に難しいことが多いので、まずは、そのデータ取得条件等のメタデータ記述が重要となる。さらに、それらのデータの一定の信頼性を確保した上で、データを提供するプラットフォームの開発・運用と、永続的なデータ提供サービスを含む事業継続性の担保も重要な課題である。これらの課題解決において重要な点は、紙ベースの公共文書のデジタル化およびそのストックを前提としたものではなく、デジタルネイティブなメディアとしてのデジタル公共文書に基づいたサービスの設計に基づくデータ作成となる。この設計において、デジタル公共文書のフォーマットの標準化が課題となり、それは、人にとっても機械にとっても扱いやすいものである必要がある。

4-2　データ(文書)を使う側の課題

　データを使う側の課題としては、データ作成側の意図や利用の限界などをできるだけ正しく把握し、データ利用側の中立性を保ちバイアスを排除する必要がある。特にデータの場合は、その処理の仕方によって解釈が大きく異なる場合もあるため、その処理のプロセスが透明性高く、また、再現可能で

ある必要がある。なお、データの適正な利用に関して、使用者側の倫理が問われる場合もあることは言うまでもない。

　また、研究データにおいては、データ提供者へのインセンティブをいかに与えるかが重要であり、利活用促進の一番の課題といっても過言ではない。G7科学技術大臣会合のオープンサイエンスワーキンググループにおいても、インフラの整備と共にインセンティブが重要テーマとして取り上げられている[13]。研究データの場合は作成者への敬意はもちろんのこと、引用による明示的な貢献の提示、あるいは、研究機関や研究コミュニティからの積極的な評価も求められる。他にも、産業利用に資する場合や、学術目的でも、その事業の持続性担保のためには、適切な報酬を与える仕組みが必要となる場合がある。デジタル公共文書においては、情報公開の原則の元、このようなデータ作成者に対する直接的なインセンティブが求められる場面は構造的に少ないが、データ提供者である行政機関と利用者とのコミュニケーションを促すなど信頼関係の確保をどのようにするか、研究データとはまた違った間接的なインセンティブ設計が必要となる。

4-3　システム、社会制度、世代の仲介と仲介人材の重要性

　以上のデータ作成と利用に関する課題に通底するのはデータの信頼性と持続可能性をいかに担保するかであり、より平易に表現すれば、作成者、利用者に安心して利用してもらう仕組み、システム的にはデータ流通のためのインフラとサービスの設計および実装が重要となる。その信頼性の担保としては、まず、先に述べた、データを仲介するメディア／プラットフォーム（システム）の開発や維持が重要である。

　次に、デジタル公共文書を含む情報流通の変革は、慣習・制度・法律の変更を促し、最終的には社会制度を変えることになる。そのあり方を論じ、適切なタイミングで法律を改訂、新設する、あるいはその前段階としての慣習づくりが重要であるが、その変化は長い時間がかかることが推察される。したがって、情報の流通と社会制度の変容を促進しつつ次世代に仲介すること

も重要である。

　そして、これらの情報システムとしての仲介や社会制度としての世代を超えた仲介が果たす役割と変化の方向性を理解し、研究者や関連する組織や人の行動変容を促す、仲介人材の発掘や育成が最も重要である。デジタルアーカイブの観点からは、日本デジタル・アーキビスト資格認定機構が立ち上がり、デジタル・アーキビストを、文化・産業資源等の対象を理解し、著作権・肖像権・プライバシー等の権利処理を行い、デジタル化の知識と技能を持ち、収集・管理・保護・活用・創造を担当できる人材として、その育成を目指している[14]。

4-4　シチズンサイエンスの変容から見るデジタル公共文書の取り扱いの展望と"監視から協働"に変わる新たな行政と市民の関係性

　オープンサイエンスを支える情報流通基盤の変革の重要な要素は、情報のデジタル化とネットワーク化による情報の開放と相互通用であり、このことは情報の生産者と利用者における情報の非対称性を緩和している[5]。例えば、科学においては、圧倒的に知識と情報を有する科学に対する監視の文脈から"市民科学"が生まれ、科学と社会の関係性を議論してきた。この背景にあるのは、先に述べた紙の上の情報を郵送による伝達するという、一方向で時差のある、そして限られた情報流通基盤を前提とした対抗策とも言えるものであった。これがインターネット以降のシチズンサイエンスにおいては、開かれた情報の双方向の即時コミュニケーションによる共創的な文脈での活動が拡がっている。先に述べたシビックテックなども、この共創の文脈で活発化していると言える。

　したがって、デジタル公共文書の取り扱いにおいても、一方的な伝達とカウンターパートとしての監視というこれまでの対立的な枠組みから、適度な緊張関係を保ったセクター間の共創、協働による情報の利活用に変容することが予察される。そして、デジタル公共文書の成り立ちと信頼性に基づいた、行政と市民の関係が再構築されることになると考えられる。

5　デジタル公共文書が果たす役割

　デジタル公共文書の利活用は、単に今までの紙の公共文書がデジタル化されるだけでなく、その生まれ方や使われ方が、保存の仕方とともに変わっていくことを前提とすることになる。すなわち記録として残し、あるいは溜めることだけを目的とするのではなく、今使える、そして将来に渡ってベストエフォートで使われやすい情報のメディア化と保存が求められる。また、その活動を事業の継続性を担保しながら試行錯誤を繰り返し、デジタル公共文書が利用され続けることで、研究活動が変わり、研究者自体、そして利用者、あるいはパートナーとしての変容を促すことになる。この過程こそが、デジタルトランスフォーメーションとなる。デジタル公共文書は、行政と市民のより円滑なコミュニケーションを生み出し、また、社会科学の変容により新しい価値発見を生み出すメディアとしての役割を果たすことになる。この過程においてデジタルアーカイブのあり方や活用についての議論が果たす役割は大きく、また、この過程自体がデジタルアーカイブの議論を推し進める相補的な関係にもなる。

注
1)　ラウンドテーブル「デジタル公共文書を考える──公文書・団体文書を真に公共財にするために」の開催(2021/1/12)(http://dnp-da.jp/events-and-news/20201120/)(最終アクセス：2022年3月26日)
2)　林和弘(2018)「オープンサイエンスの進展とシチズンサイエンスから共創型研究への発展」『学術の動向』23(11), 12-29.(https://doi.org/10.5363/tits.23.11_12)(最終アクセス：2022年3月26日)
3)　林和弘(2018)「オープンサイエンス政策と研究データ同盟(RDA)が進める研究データ共有と、デジタルアーカイブの接点に関する一考察──新しい研究パラダイムの構築に向けて」『デジタルアーカイブ学会誌』2(2), 40-43.(https://doi.org/10.24506/jsda.2.2_40)(最終アクセス：2022年3月26日)
4)　ユネスコオープンサイエンス勧告(https://www.unesco.org/en/natural-sciences/open-science)(最終アクセス：2022年3月26日)

5)　G7研究協約.(https://www.mofa.go.jp/mofaj/files/100200086.pdf)（最終アクセス：2022年3月26日）

6)　G7広島首脳コミュニケ（仮訳）(https://www.mofa.go.jp/mofaj/files/100507033.pdf)（最終アクセス：2023年7月1日）

7)　Recommendation of the OECD Council concerning Access to Research Data from Public Funding(https://www.oecd.org/sti/recommendation-access-to-research-data-from-public-funding.htm)（最終アクセス：2022年3月26日）

8)　計算社会科学会(https://css-japan.com/)（最終アクセス：2022年3月26日）

9)　人文学・社会科学データインフラストラクチャー構築プログラム　(https://www.jsps.go.jp/data_infrastructure/)（最終アクセス：2022年3月26日）

10)　松崎太亮(2017)『シビックテックイノベーション　行動する市民エンジニアが社会を変える』株式会社インプレスR&D.

11)　シチズンサイエンスを推進する社会システムの構築を目指して(http://www.scj.go.jp/ja/info/kohyo/kohyo-24-t297-2-abstract.html)（最終アクセス：2022年3月26日）

12)　データ共有の基準としてのFAIR原則(https://doi.org/10.18908/a.2018041901)（最終アクセス：2022年3月26日）

13)　G7 Open Science Working Group (2019 Paris) (OSWG) (https://www.enseignementsup-recherche.gouv.fr/cid141355/registration-open-science-working-group-18th-19th-june-2019.html)（最終アクセス：2022年3月26日）

14)　特定非営利活動法人日本デジタル・アーキビスト資格認定機構(https://jdaa.jp/)（最終アクセス：2022年3月26日）

第5章

ウェブアーカイブとオーラル
ヒストリーデジタルアーカイブ

—— 海外の「デジタル公共文書」の先行事例として

武田和也

1 はじめに

　本章では、海外における「デジタル公共文書」の先行事例を紹介するという
与えられた課題に応えるため、海外のウェブアーカイブとオーラルヒスト
リーデジタルアーカイブについて取り上げることにしたい。

　最初に「デジタル公共文書」の海外での先行事例としてウェブアーカイブと
オーラルヒストリーデジタルアーカイブを取り上げることとした理由を説明
する必要があると思うのだが、まず念頭に置いたのは、古賀崇による本シ
リーズの第1期への書評での「日本のデジタルアーカイブは「文化・歴史」を
体現する、すでに存在する物理的資料(紙資料、フィルムなど有体物たる視
聴覚資料、その他モノ資料など)をデジタル化し検索可能にするもの、とい
う位置づけが、本シリーズ全体としては強く流れて」いて「ボーン・デジタル、
つまりデジタル形態で生成される情報を、いかに長期的利用に供していくか、
という観点は、本シリーズ全体としては希薄である点は否定できない」とい
う指摘である [1]。確かに第1期に目を通すと、ボーン・デジタルなデータを
取り扱うデジタルアーカイブの紹介は余りなく、よって、デジタルアーカイ
ブで利用可能なボーン・デジタルな「公共文書」の先行事例を紹介することで

与えられた課題に応えられるのではないかと考えたのである。

　次に「公共文書」についての自分なりの考えを検討するため、2021年1月に開催された、東京大学大学院情報学環DNP学術電子コンテンツ研究寄付講座主催のラウンドテーブル「デジタル公共文書を考える－公文書・団体文書を真に公共財にするために－」の開催レポートを参照した。当日の議論において「デジタル公共文書」とは「公共の役に立つデータ」「公文書のみならず、企業・団体・大学・コミュニティなどが作成し、公共性が認められる文書」[2)]と定義されたことがわかるが、果たして「公共に役立つ」「公共性が認められる」とはいったいどういったものを想定したらよいのだろうか。

　ここで参考としたのが「政治・経済権力から独立し、誰もが参加できて自律・合理的な議論が可能な、世論形成のためのコミュニケーション空間」[3)]という、ハーバーマス（Jürgen Habermas）に代表される「公共圏（公共性）」に関する議論である[4)]。「公共圏」に関する議論に基づけば、世論の形成過程を追えるよう、そのようなコミュニケーション空間で自律的・合理的に行われた議論を記録・収集・保存し、デジタルアーカイブで利用可能な状態としたものを「デジタル公共文書」と考えて差し支えないのではないか。そして、近年インターネットが新たな「公共圏」として関心が高まっていることを考慮に入れるならば、インターネット上で発信されたボーン・デジタルな情報をアーカイブするウェブアーカイブを「デジタル公共文書」の事例として取り上げることは意味があるだろうと思われた。

　次にオーラルヒストリーデジタルアーカイブを取り上げることにした理由であるが、2019年3月25日付けの内閣総理大臣決定「行政文書の電子的管理についての基本的な方針」[5)]に見られるような近年の電子政府化の進展に対しての、政策決定過程がわかる文書が残らなくなるのではないかという瀬畑源が述べる危惧[6)]に関連し、既に御厨貴が、IT化・電子データ化により、公文書の最初の原案と最後の完成案しか残らず意思決定プロセスがわからなくなっていることを指摘したうえで、それを補うためにさまざまな組織でオーラルヒストリーが積極的に進められるようになったことを紹介してい

ることがある[7]。オーラルヒストリーは、個人の頭の中にのみ存在する私的な「記憶」をインタビューにより抜き出して、音声・映像・テキスト等の形式で固定化したものであるといえようが、誰にでも利用できるようにデジタルアーカイブで公開することで「公文書」を補う公共に役立つ「デジタル公共文書」として位置づけることが可能であろう。

政治史・経営史・労働史・社会学・民俗学といったさまざまな分野で用いられてきた日本のオーラルヒストリーの展開については、社会学者の蘭信三や日本近現代史を専門とする大門正克によるまとめに詳しいが[8]、そのアーカイブ化に関しては、全国規模でのオーラルヒストリーのアーカイブ化のための公的な仕組みやデジタルアーカイブ化の基盤がないことが指摘され、同手法を用いた研究の透明性の確保のための課題となっている[9]。例えば、「質的データ・アーカイヴ化研究会」が2012年に行った調査によれば、2000年代以降のオーラルヒストリーの調査の多くにはICレコーダーが使われるなど、いわゆるボーン・デジタルなデータとして収集されている一方で、それらデータが自宅や研究室で私蔵され、場合によっては廃棄・消失してしまっているのだという[10]。そのようななか、国立公文書館では、2016年3月に策定した「国立公文書館の機能・施設の在り方に関する基本構想」において、収集・情報提供機能の今後の展望として「オーラルヒストリーの実施等による収集活動の拡大」をあげており[11]、また、同館が設置した歴史資料などの積極収集に関する検討会議も、2017年3月に、同館に対し、「オーラルヒストリーの推進・拡大」を行う重要性を指摘している[12]。オーラルヒストリーの実施やアーカイブ化の必要性への認識が高まっている状況と言えるが、長谷川貴志は、今後国立公文書館に求められる取組として、①行政機関や研究者等が実施したオーラル・ヒストリー記録の散逸防止のための「受け皿」となること②同館自身がオーラル・ヒストリー事業を実施することの2つを挙げ、②の取組の課題4つのうちの1つである「利用等」の中で、音声記録をウェブ上で公開し活用することを指摘し、国内外のアーカイブ機関におけるオーラルヒストリーの活用方法に関する情報の収集の必要性に言及している[13]。

海外のオーラルヒストリーデジタルアーカイブについて紹介することには、このような国内状況を鑑みると、積極的な意義があるように思われる。

　以上から、本章では、まず、第2節において、海外のウェブアーカイブおよびオーラルヒストリーデジタルアーカイブの事例を紹介する。ウェブアーカイブに関しては、先述の「公共圏」のうち、特に、世論を形成して政治に影響力を与えるようになる「政治的公共圏」について考えることにしたい。そこでは、世論が政治に直接影響を与えるであろう、選挙や国民投票・住民投票に関するインターネット上の情報が、海外のウェブアーカイブにおいてどのように扱われているかについて検討する。また、オーラルヒストリーデジタルアーカイブに関しては、さきほど述べたような公文書を補う「公共文書」としての視点から、官僚や政治家を対象にしたオーラルヒストリーの事例を見て行くことにしたい。次に第3節においては、フレイザー（Nancy Fraser）が、ハーバーマスの「公共圏」論を批判するなかで、公共圏から排除されてきた女性・労働者・有色人種・ゲイ・レズビアンといった従属的な社会集団の構成員がつくる多様な対抗的な公共圏を社会に位置付ける重要性を指摘していることに鑑み[14]、そのような社会から除外される存在がインターネット上で発信する情報やオーラルヒストリーが海外のデジタルアーカイブにおいてどのように扱われているかについて見ておく。そして、最後に、第2節・第3節で紹介したような事例を可能たらしめている工夫・枠組を検討し、日本においてもウェブアーカイブやオーラルヒストリーデジタルアーカイブを「デジタル公共文書」として位置づけるために必要な仕組みついて考えてみたい。

　なお、本章の見解は、個人的意見であり、筆者が勤務する機関を代表するものではないことを予め申し述べておく。

2　海外のウェブアーカイブとオーラルヒストリーデジタル アーカイブ

2-1　インターネット上の「政治的公共圏」とウェブアーカイブ

　表1は、ウェブアーカイブに取り組む国際的な連携組織である国際イン
ターネット保存コンソーシアム（IIPC）に加盟する機関[15]のうち、国立図書
館・地方図書館が収集している選挙に関するコレクションをまとめたもので
ある。

　まず、国政選挙に関するコレクションであるが、多くの国立図書館のウェ
ブアーカイブ事業で存在を確認できる。米国では、米国議会図書館のUnited
States Elections Web Archiveが2000年以降の大統領選挙・連邦議会選挙の
アーカイブを実施しており、欧州では、例えば、英国の法定納本図書館6館
が共同で運営するUK Web Archiveが、同国の総選挙に関するアーカイブを
2005年から継続して行っている。その他、フランス・スペイン・デンマー
ク・ルクセンブルク・アイルランド・アイスランド・フィンランド・チェ
コ・ハンガリー・エストニア・クロアチア・スロベニアといったように数多
くの国立図書館が、継続性の有無はあるものの、大統領選挙や国会議員の
総選挙に関するウェブアーカイブのコレクションを持っている。オセアニ
アでも、オーストラリア国立図書館が各州立図書館や文化機関などと共同
で行っているPANDORAに1996年以降の連邦議会選挙のコレクションがあ
り、ニュージーランド国立図書館も1999年以降の総選挙のウェブアーカイ
ブを行っている。アジアではシンガポール国立図書館局によるWeb Archive
Singaporeに2020年の総選挙のコレクションがあり、韓国国立中央図書館の
OASISにおいては2015年の国会議員補欠選挙や2017年の大統領選挙以降の
ウェブアーカイブが行われている。その他、南米ではチリに2013年の大統
領選挙のコレクションを確認できる。

　同様に、国民投票・住民投票に関するコレクションをまとめたものが表2
であるが、こちらも欧州を中心に多数見ることができる。英国の欧州連合離

表1　国政選挙

国	事業名	実施機関	コレクション名
米国	Web Archives	米国議会図書館	米国選挙ウェブアーカイブ (United States Elections Web Archive)
			公共政策トピックウェブアーカイブ (Public Policy Topics Web Archive)
カナダ	Web archiving	ケベック州立図書館・文書館	州選挙2012／2014／2018 (election provinciale 2012／2014／2018)
			地方選挙2013／2017／2021 (election municipale2013／2017／2021)
英国	UK Web Archive	英国図書館／スコットランド国立図書館／ウェールズ国立図書館／オックスフォード大学ボドリアン図書館／ケンブリッジ大学図書館／トリニティカレッジ・ダブリン	英国総選挙2005／2010／2015／2017／2019（UK General Election 2005／2010／2015／2017／2019)
			ウェールズ国民議会選挙2011／2016 (National Assembly for Wales Election 2011／2016) ※ウェールズ国立図書館が担当
			スコットランド議会選挙2016 (Scottish Parliamentary Election 2016) ※スコットランド国立図書館が担当
			ロンドン市長選挙2008 (London Mayoral Election 2008)
フランス	Archives de l'internet	フランス国立図書館	クリックする、投票する：選挙のためのインターネット (CLIQUER, VOTER : L'INTERNET ÉLECTORAL)
			2010年から2015年までの選挙 (LE WEB ÉLECTORAL DE 2010 À 2015)
スペイン	Archivo de la Web Española	スペイン国立図書館	欧州議会選挙2014／2019
			総選挙2015・2016／2019
			アンダルシア自治州議会選挙2018
			統一地方選挙および地方選挙2019
			カタルーニャ自治州議会選挙2017／2021
			マドリード自治州議会選挙2021
			ガリシア自治州議会選挙2016／2020
			バスク自治州議会選挙2016／2020
	Web Archive of Catalonia	カタルーニャ図書館	カタルーニャ自治州議会選挙2012／2015／2021
			カタルーニャ地方選挙2015／2019
			スペイン総選挙2015／2019
デンマーク	Netarkivet	デンマーク王立図書館	統一地方選挙2013／2017（Kommunalvalg 2013／Kommunal- og Regionalvalg 2017)
			総選挙2015（Folketingsvalg 2015)
ルクセンブルク	Luxembourg Web Archive	ルクセンブルク国立図書館	2017地方選挙（2017 Local Elections)
			2018国政選挙（2018 National Elections)

収集対象
2000年以降の大統領・連邦議会・州知事選挙の立候補者(ソーシャルメディアも含む)。
2009年以降の国の公共政策に関連する国内外の政党・コミュニティ・宗教団体・アドボカシー団体、国内外のニュースソース、独立団体、一部の政府機関のウェブサイト。
政党・Wikipedia。
立候補者など。
政党・立候補者・党首のソーシャルメディア・インタレストグループの声明・シンクタンク・世論調査・ニュース・解説サイト。
政党・党首・インタレストグループ・報道機関。
政党・立候補者・報道機関。
主要な立候補者・オピニオンサイト・解説サイト。
2002年と2007年の大統領選挙と国民議会選挙、2004年の地方選挙と欧州選挙の当事者・参加者・目撃者。
2012年の大統領選挙・国民議会選挙、2010年と2015年の地方選挙、2014年のリヨン市議会選挙と欧州議会選挙の当事者・参加者・目撃者。
政党・立候補者・報道機関等。
政党・立候補者・団体・報道機関。
政党・立候補者・インタレストグループ・報道機関。
政党・立候補者・インタレストグループ・報道機関・ディスカッションフォーラム。
政党・立候補者・インタレストグループ・ディスカッションフォーラム。
政党・立候補者・ニュースサイト。

国	事業名	実施機関	コレクション名
アイルランド	Web Archive	アイルランド国立図書館	大統領選挙2018（Presidential Election 2018）
			補選2019／2021（By Election 2019／2021）
			総選挙2020（General Election 2020）
アイスランド	Vefsafn.is	アイスランド国立図書館	2006年地方選挙
			2007年国政選挙
フィンランド	Verkkoarkisto	フィンランド国立図書館	大統領選挙2006／2012／2018（Presidentinvaalit Suomessa 2006／2012／2018）
			議会選挙2007／2011／2015／2019（Eduskuntavaalit 2007／2011／2015／2019）
			地方選挙2008／2012／2017／2021（Kuntavaalit 2008／2012／2017／2021）
チェコ	Webarchiv	チェコ国立図書館	大統領選挙2013／2018（Presidential Election 2013／2018）
			代議員選挙2017／2021（Elections to the Chamber of Deputies of the Parliament of the CR 2017／2021）
			上院・地方選挙2014／2016／2018／2020（Senate and Municipal Election 2014／2016／2018／2020）
ハンガリー	Webarchívum	国立セーチェーニ図書館	議会選挙2018／2022（Parliamentary Election – 2018／2022）
			地方政府選挙（Local Government Elections – 2019）
エストニア	EESTI VEEBIARHIIV	エストニア国立図書館	議会選挙2011／2015（RIIGIKOGU VALIMISED 2011／2015）
			地方選挙2013（KOHALIKE OMAVALITSUSTE VOLIKOGUDE VALIMISED 2013）
クロアチア	Hrvatskom arhivu weba	クロアチア国立大学図書館	議会選挙2011／2015／2016
			地方選挙2013／2017／2021（Lokalni izbori 2013／2017／2021
スロベニア	Spletni arhiv	スロベニア国立大学図書館	大統領選挙2017（Volitve predsednika RS 2017）
			国民議会選挙2008（Volitve v državni zbor 2008／2011／2014／2018）
オーストラリア	PANDORA	オーストラリア国立図書館	連邦選挙1996〜2021（Australian federal election campaign 1996〜2021）
			1999年ニューサウスウェルス州選挙〜2022年ニューサウスウェルス州補欠選挙ほか多数 ※各州立図書館が担当
ニュージーランド	New Zealand Web Archive	ニュージーランド国立図書館	ニュージーランド総選挙1999-2020（New Zealand General Elections1999-2020）
			ニュージーランド地方選挙2007-2019（New Zealand Local Body Elections2017-2019）
シンガポール	Web Archive Singapore	シンガポール国立図書館局	総選挙2020（General Election 2020）

収集対象
政党・立候補者・報道機関。
立候補者・団体・報道機関。
立候補者・団体・報道機関・解説サイト、退任する閣僚、引退する議員。
政党・立候補者・報道機関。
選挙関連のウェブサイト・Twitter・YouTube。
政党・立候補者・報道機関・ディスカッションサイト・オンラインジャーナル。
政党・立候補者・メディア・世論調査。
政党・立候補者・メディア・世論調査。
政党・立候補者・メディア。
政党・立候補者・研究機関・世論調査会社・報道機関・ニュースサイト・Wikipedia。
政党・政治家・世論調査会社・ニュースサイト。
政党・立候補者・ニュースポータル。
政党・立候補者など。
メディアなど。
政党など。
政党・立候補者・選挙調査・メディア・利益団体・ロビー団体。
政党・立候補者・利益団体・ロビー団体・メディア。
政党・立候補者・ロビーグループ。
立候補者・報道機関・解説サイト。
メディア。

国	事業名	実施機関	コレクション名
韓国	OASIS	韓国国立中央図書館	2017年19代大統領選挙(2017년 19대 대통령 선거)
			2015年4.29補欠選挙〜2020年第21代国会議員選挙(2015년 4.29 재보궐선거〜2020 제21대 국회의원 선거)
			2014年6.4地方選挙〜2018年6.13地方選挙(2014년 6.4 지방선거〜2018 6.13 지방선거)
チリ	ARCHIVO DE LA WEB CHILENA	チリ国立図書館	大統領選挙2013 (ELECCIONES PRESIDENCIALES 2013)

脱(Brexit)の是非を問う国民投票に関するコレクションのほか、ウェールズへの権限委譲拡大の是非を問う住民投票やスコットランド独立住民投票といったコレクションがあるUK Web Archiveを始め、アイルランド国立図書館では神への冒涜を禁じた憲法の規定の是非を問う国民投票および離婚条件の緩和に関する国民投票に関するコレクションが、デンマーク王立図書館にはEUとの共通政策の同国への適用に係る国民投票のコレクションなどがみられる。また、スペインではスペイン国立図書館による2014年のカタルーニャ独立住民投票のコレクションがあるほか、カタルーニャ図書館も2017年のカタルーニャ独立住民投票に関するウェブアーカイブを実施している。

　国立図書館のウェブアーカイブコレクションに、地方選挙に関するコレクションがある国も多い(表1)。米国では、先述のUnited States Elections Web Archiveにおいて州知事選挙のウェブアーカイブが行われている。欧州では、英国のUK Web Archiveにウェールズ国民議会選挙・スコットランド議会選挙・ロンドン市長選挙のコレクションがあるほか、スペイン国立図書館が各自治州議会選挙のアーカイブを行っている。その他、フランス・デンマーク・ルクセンブルク・アイスランド・フィンランド・ハンガリー・エストニア・クロアチアの各国立図書館において地方選挙のウェブアーカイブが実施されている。オセアニアでは、ニュージーランド国立図書館に2007年以降の地方選挙のコレクションがあるほか、オーストラリアのPANDORAでは1999年以降の各州議会選挙のウェブアーカイブが行われている。また、アジアでは、韓国のOASISに2014年以降の地方選挙のコレクションが存在す

収集対象
政党・立候補者・メディア・市民団体。
政党・討論会・世論調査。
選寄与管理委員会・メディア。
立候補者。

　る。その他、カナダのケベック州立図書館・文書館やスペインのカタルー
ニャ国立図書館といった地域の図書館・文書館が各々の広域自治体内の地方
選挙のアーカイブに取り組んでいる事例も見受けられる。

　ところで、表1・表2を見て気付くのは、政党・政党党首や立候補者の
ウェブサイト・ソーシャルメディアが収集されているのは勿論のこと、それ
以外にも、圧力団体・ロビーグループ、シンクタンク、報道機関・ニュース
メディア、世論調査、ファクトチェックサイトなど多様な情報がアーカイ
ブされているコレクションが多いことである。米国の United States Elections
Web Archive には立候補者の情報のみしか含まれないが、元々同コレクショ
ンのもとで収集され、現在は別の Public Policy Topics Web Archive として提供
されているコレクションには、2009年以降の国の公共政策に関連する政党・
コミュニティ・宗教団体・アドボカシー団体、国内外のニュースソース、独
立団体、一部の政府機関といった多様なウェブサイトがアーカイブされてお
り、そこには、ビジネスラウンドテーブルといった経済団体、アメリカ労働
総同盟といった労働組合、全米消費者連盟といった消費者団体、アメリカ在
郷軍人会といった圧力団体のウェブサイトが含まれている。

　このほか、報道機関・ニュースメディアを含むコレクションも多い。今か
ら10年以上前の日米での調査であるが、その時点で、選挙の情報源として
は政党・立候補者よりもインタネットプロバイダーのニュースサイトや新聞
社のサイトのほうが多数を占めている。また、年齢層別での結果では、20
代ではインターネットへの信頼性の高さ(非常に信頼・ある程度信頼)が60%

表2　国民投票・住民投票

国	事業名	実施機関	コレクション名
英国	UK Web Archive	英国図書館／スコットランド国立図書館／ウェールズ国立図書館／オックスフォード大学ボドリアン図書館／ケンブリッジ大学図書館／トリニティカレッジ・ダブリン	欧州連合離脱是非を問う国民投票（EU Referendum）
			ウェールズへの権限委譲拡大の是非を問う住民投票2011（Welsh devolution referendum 2011）
			スコットランド独立住民投票（Scottish Independence Referendum）
スペイン	Archivo de la Web Espa_ola	スペイン国立図書館	カタルーニャ独立住民投票（Consulta catalana del 9 de noviembre de 2014）
	Web Archive of Catalonia	カタルーニャ図書館	カタルーニャ独立住民投票2017
デンマーク	Netarkivet	デンマーク王立図書館	EUとの共通政策の独国への適用に関する国民投票2015（Retsforbehold 2015）
アイルランド		アイルランド国立図書館	神への冒涜罪に関する国民投票2018（Blasphemy Referendum 2018）
			離婚条件の緩和に関する国民投票2019（Divorce Referendum 2019）

を超えている一方で、新聞社のサイトは高齢者、政党・議員のサイトは30代といった情報源の違いも垣間見える[16]。遠藤薫による、2008年の米国大統領選挙の分析での、立候補者・支援者・独立グループ・報道機関・ネット上の選挙コミュニティといった諸アクターが、互いに重なり合いながら間メディア環境での影響力を高めようと闘っているという指摘を踏まえると[17]、選挙において世論形成に影響力を持つ報道機関・ニュースメディアが発信した情報を「デジタル公共文書」としてアーカイブすることには意義があるように思われる。

　ここで、比較のため日本のウェブアーカイブの状況について眺めると、国立国会図書館が、国立国会図書館法に基づいて、同法第二十四条に定める公的機関のウェブ情報を、著作権者の許諾なく収集・保存する事業を2010年から行っており、それらの収集データはインターネット資料収集保存事業（WARP）や国立国会図書館デジタルコレクションを通じて公開されている。また、同事業開始以前にも、2002年から発信者の許諾を得て公益法人・私

収集対象
Brexitに係るメディア・政党・企業・労働組合・インタレストグループ・世論調査のウェブサイトやソーシャルメディア上の世論。 ※オックスフォード大学ボドリアン図書館が担当
政府・政治家・キャンペーンサイト。 ※ウェールズ国立図書館が担当
政府・政党・キャンペーンサイト・報道機関・商業出版社・シンクタンク・労働組合・慈善団体・宗教団体・非営利団体。 ※スコットランド国立図書館が担当
政党・報道機関・メディアなど。
政党・団体・メディア。
政党・利益団体・ニュースサイトなど。
国民投票委員会。
国民投票委員会。

立大学・政党・国際的／文化的イベント・東日本大震災に関するウェブサイトなど、同館が「公共性」が高いと考えるウェブサイトを中心とした選択的なアーカイブも行われている[18]。本節で検討している選挙や国民投票・住民投票に関するものという観点では「政党」コレクションが存在するが[19]、その収集日を確認すると、例えば、2021年10月19日公示、10月31日投開票の第49回衆議院選挙にあわせて国政政党のウェブサイトが高頻度で収集されていることが見て取れる。「選挙」というコレクション分類ではないため、選挙にあわせてアーカイブされていることが一目では分かりづらいという側面はあるものの、選挙時に政党が発信した情報を公共性が高いものとしてアーカイブしようとしている意図がうかがえる。その他、「法人・機構」のコレクションには、日本経済団体連合会・経済同友会・全国労働組合総連合のウェブサイトが含まれており、さきほどの衆議院選挙関連では、各々公示日近くの2021年10月19日・2021年10月20日にアーカイブされているのがわかる[20]。しかし、日本商工会議所は選挙期間中前後にはアーカイブされてお

らず、また、日本労働組合総連合会・全国労働組合連絡協議会については収集対象となっていないなど、選挙において影響力を持つと考えられる利害関係者が網羅されているわけではないように思われた。また、先ほどアーカイブする意義があると指摘した報道機関・ニュースメディアは収集されていない。このように見てくると、海外のウェブアーカイブのほうが選挙に関して、世論形成に影響を与えることが想定される多様な主体の発信した情報をアーカイブしていることがうかがえる。ルクセンブルク国立図書館が述べるように、選挙は多様な公共の利害に対して開かれている（open to a variety of public interests）[21]と考えられているから、諸外国においては多様な主体が選挙期間中にインターネット上で発信している情報をアーカイブしようとしているのであろう。

　齊藤純一は、ハーバーマスの「公共圏」の課題に関する議論の変化を整理するなかで[22]、「政治的公共性の機能をも行使し、その建前に従って、国家権力にたいして行使される社会的圧力を、たんなる力関係をこえて正統化する」一方で「「世論」を操作し、しかもみずからはその「世論」の監査をうけずにすますことができる」[23]政党・団体の監視から、市民社会を形成する「自律的公共圏」である市民フォーラム・市民運動・非営利団体・ボランティア団体などの自発的結社（政党・団体も含む）が「コミュニケーション権力」を形成し、それを政治システムに向けて出力する空間として「政治的公共圏」を位置づけることに重点が移り変わっていることを指摘する。そして、そのような「コミュニケーション権力」が、本来は関わるべきでない政治的意思決定の権力となってポピュリズムに陥らないようにチェック・修正する制度設計の必要性に言及するが、「さまざまな「公共圏」がメディア（出版メディア・電波メディア・電子メディア等）を通じて相互に関係し合う、言説のネットワーキングの総体」と定義する「公共的空間」において「不特定多数の人びとによって織りなされ」た「言説の空間」[24]の一つとしてウェブ上の情報を「デジタル公共文書」としてアーカイブすることは、辻智佐子らが述べるような「公開された電子的な場における情報の集合体自体を個人から切り離された対象として

112

とらえて、情報集合体の情報自体がどのように変化するのかを観測することで、個人とインターネット上の情報集合体が影響しあう過程と、不特定多数の個人どうしが情報集合体を媒介にして間接的に影響しあう過程を明らかにする」し、「インターネット・コミュニケーションにおける公共性のありかたを描」[25]くことを可能とし、もってポピュリズムに陥らないようにチェックすることを担保するためにも必要なことではないかと思われる。

このような特徴は、選挙や国民投票・住民投票に関するコレクション以外にも見られる。諸外国では、英国(予算・禁煙法・医療制度改革)、オーストラリア(予算)、韓国(最低賃金引き上げ政策・不動産政策)、コロンビア(反政府武装組織との和平プロセス)といった内政や、スロベニア(クロアチアとの国境紛争の仲裁)、韓国(慰安婦問題日韓合意、南北問題、日韓貿易紛争)といった外交に関するコレクションも存在するが(表3)、ここでも政府が発信した情報に加えて、メディアや各種団体による情報が併せてアーカイブされている。

2-2　公文書を補完するオーラルヒストリーのデジタルアーカイブ

次にオーラルヒストリーデジタルアーカイブについて見て行く。オーラルヒストリーのアーカイブ化が進展している英米の場合、例えば、米・コロンビア大学のColumbia Center for Oral History Researchがオバマ元大統領のオーラルヒストリーを収集・提供するプロジェクト[26]を実施しているように、政治家や官僚を含むオーラルヒストリーは研究機関によって取り組まれている事例が多いが[27]、ここでは政府機関によって提供されているという点を重視し、国立図書館などの政府機関で公開されているものを見て行きたい。

まず米国の事例であるが、米国議会図書館には1940年代後半から現代までの外交官のオーラルヒストリーをテキスト形式で公開するコレクションFrontline Diplomacy[28]がある。非営利団体のAssociation for Diplomatic Studies and Trainingが外交官を対象に行っているオーラルヒストリーのアーカイブで、現在も継続して取り組まれている。また、連邦議会の上院歴史局では

表3　政府の政策

国	事業名	実施機関	コレクション名
英国	UK Web Archive	英国図書館／スコットランド国立図書館／ウェールズ国立図書館／オックスフォード大学ボドリアン図書館／ケンブリッジ大学図書館／トリニティカレッジ・ダブリン	歳出削減2010：社会福祉への影響（Spending Cuts 2010: Impact on Social Welfare）
			禁煙法2007（Smoking Ban UK 2007）
			医療・社会的ケア法2012-NHS改革（Health and Social Care Act 2012 - NHS Reforms）
スロベニア	Spletni arhiv	スロベニア国立大学図書館	仲裁スロベニア・クロアチア（Arbitraža Slovenija - Hrvaška）
オーストラリア	PANDORA	オーストラリア国立図書館	連邦予算2014~2021（Federal Budget 2014〜2021）
韓国	OASIS	韓国国立中央図書館	2019年最低賃金引き上げ（2019년 최저임금 인상）
			不動産政策（2020年）（부동산 정책）
			2015年韓日日本軍慰安婦合意（2015년 한일 일본군 '위안부' 합의）
			2018　南北首脳会談　平壌（2018 남북정상회담 평양）
			2019韓日貿易紛争（2019 한일무역분쟁）
コロンビア	Recuperación de la web del proceso de paz y posacuerdo RWP3	コロンビア国立図書館	反政府武装組織との和平プロセス

1976年以来上院議員のオーラルヒストリーに取り組んでおり、ウェブサイト上でテキスト形式や音声資料で公開されている[29]。

　英国図書館はオーラルヒストリープロジェクトの一環として、政府・政党・官僚へのインタビューを行っているが、オンラインで公開されているものとしては、議会史財団が2011年から行っているHistory of Parliament's Oral Historyプロジェクトが実施したインタビューの音声資料がある[30]。対象は庶民院の議員と一部の貴族院議員となっており、これまでに実施された160人分を超すインタビューのうち50件がオンラインで公開されている。

　その他、アジアにおいては、シンガポール国立公文書館のオーラルヒストリーセンターのデジタルアーカイブで、政治家や公務員を対象としたコレクションがあり音声資料として提供されている[31]。また、韓国では韓国国会図書館の国家記録保存処が歴代の国会議長団（議長・副議長）のオーラルヒス

収集対象
中央政府・地方政府、ニュース、シンクタンク、慈善団体、圧力団体、削減反対運動家、労働組合など。
政府・ニュース・団体・研究機関・電子たばこレビューサイトなど。
プライマリケアトラスト・公衆衛生機関、専門機関、組合、医療機関・介護事業者、慈善団体、患者団体、政党、中央政府、地方議会、報道機関・ニュース、反対団体など。
ニュース。
政府・政党・圧力団体・社会的反応・メディアなど。
政府・報道機関・経済団体など。
政府・報道機関・ニュースサイト。
政府・報道機関・研究機関・団体など。
政府・報道機関。
政府・報道機関など。
政府・人権団体・元反政府武装組織・人権団体・メディアなど。

トリー(映像資料)を公開している [32]。

3 従属的な社会集団の言説の「デジタル公共文書」化と 「対抗的公共圏」

3-1 従属的な社会集団の言説とウェブアーカイブ

次に、従属的な社会集団がインターネット上で発信した情報の海外のウェブアーカイブでの扱いを見て行きたい。第2節の選挙や国民投票・住民投票の事例と同様にまとめたのが表4である。男性問題・女性問題といったジェンダーをテーマとしたウェブアーカイブのコレクションは、米国・英国・ドイツ・オーストリアで行われていることが確認できる。2017年に世界中に広がった、性的な被害を受けた経験をハッシュタグをつけてインターネッ

表4　従属的な社会集団に関するウェブアーカイブコレクション

国	事業名	実施機関	コレクション名
米国	Web Archives	米国議会図書館	女性とジェンダー研究のWebアーカイブ（Women's and Gender Studies Web Archive）
			LGBTQ＋の政治および政治候補者のWebアーカイブ（LGBTQ+ Politics and Political Candidates Web Archive）
			LGBTQ＋研究Webアーカイブ（LGBTQ+ Studies Web Archive）
			人種差別に反対する抗議活動（Protests Against Racism Web Archive）
カナダ		カナダ国立図書館・文書館	先住民寄宿学校制度に関する真実と和解委員会（Truth and Reconciliation Commission）（TRC）
英国	UK Web Archive	英国図書館／スコットランド国立図書館／ウェールズ国立図書館／オックスフォード大学ボドリアン図書館／ケンブリッジ大学図書館／トリニティカレッジ・ダブリン	男性問題（Men's Issues）
			女性問題（Women's Issues）
			LGBTQ+ Lives Online
			アフリカ系・アジア系コミュニティ・文化・歴史（Black and Asian Britain）
			イスラム教徒、信頼と対話（Muslims, Trust and Cultural Dialogue）
フランス	Archives de l'internet	フランス国立図書館	マグレブ移民の記憶（1999-2014）（LES MÉMOIRES DE L'IMMIGRATION MAGHRÉBINE（1999-2014））
ドイツ		ドイツ国立図書館	女性、男性、LGBTQ（Frauen, Männer, LSBTIQ）
スペイン	Archivo de la Web Española	スペイン国立図書館	LGBTI
デンマーク	Netarkivet	デンマーク王立図書館	難民問題2015-16（Flygtningekrisen 2015-16）
オランダ		オランダ王立図書館	LGBT
			中国系移民コミュニティ（Chinees Nederland）
オーストリア		オーストリア国立図書館	女性／ジェンダーコレクション（Frau／Gender Kollektion）
アイルランド	Web Archive	アイルランド国立図書館	LGBTI＋
フィンランド	Verkkoarkisto	フィンランド国立図書館	MeTooキャンペーン2018（Me Too -kampanja 2018）
			LGBTQ-性的および性的マイノリティ2009／2019（LHBTQ - seksuaali- ja sukupuolivähemmistöt 2009／2019）
			欧州の難民危機とフィンランド2015（Euroopan pakolaiskriisi ja Suomi 2015）

収集対象
女性学・ジェンダー研究に関する一次資料・証言・ジェンダー平等を求める社会的・文化的・政治的運動の記録。
LGBTQ の立候補者や州・地方レベルでの政治的課題・テーマ。
LGBTQ+ の歴史・学問・文化を記録したオンラインコンテンツ。
ジョージ・フロイド氏の死亡事件への抗議活動に関するウェブサイト。
真実と和解委員会と関連する組織・協力者・支援者。
健康問題・社会問題・パーソナルな問題など男性に影響を与える問題に係るサイト。 ※ウェルカム図書館が担当。
女性団体・運動のサイト、調査報告書、政府刊行物、女性に関する統計、ブログなどの女性の個人サイト、女性向けの電子雑誌など。 ※ロンドン・スクール・オブ・エコノミクス・アンド・ポリティカル・サイエンスと英国図書館が共同で担当。
現代英国における LGBTQ+ の生活に係る情報。
アフリカ系・アジア系英国人のコミュニティ・文化・歴史に関する情報。
政治・社会、ビジネス・金融、芸術・文化という現代生活の3つの重複する領域における信頼と不信の状況を分析。
デンマークの難民問題への対応に関するソーシャルメディア、海外メディアの反応など。
オランダの LGBT コミュニティに関するウェブサイト。 ※LGBTI コミュニティに関する情報を収集・提供する IHLIA と連携。
オランダの中国人移民コミュニティに関するウェブコレクション。
アイルランドでの現代的な LGBTI + の生活に係る情報。
ニュース、ブログ、Twiiter、YouTube。
セクシャルマイノリティ、ジェンダーマイノリティに関するウェブページ、ブログ、ソーシャルメディア。
ウェブサイト・ソーシャルメディア上での難民、難民政策、社旗的統合、社会的影響に関する議論。

国	事業名	実施機関	コレクション名
チェコ	Webarchiv	チェコ国立図書館	難民危機 (Refugee crisis)
オーストラリア	PANDORA	オーストラリア国立図書館	オーストラリアのブラック・ライヴズ・マター (反人種差別) 運動 (Black Lives Matter (anti-racism) Movement in Australia)
			忘れられたオーストラリア人と元児童移民への謝罪 (National Apology to the Forgotten Australians and former Child Migrants)
韓国	OASIS	韓国国立中央図書館	#Me Too キャンペーン (미투 캠페인)

ト上で共有する #MeToo 運動に関するアーカイブも、フィンランドや韓国で実施されているのがわかるほか、LGBTQ に関するコレクションも米国・英国・ドイツ・スペイン・オランダ・アイルランド・フィンランドで見ることができる。人種にかかわる問題では、米国議会図書館やオーストラリア国立図書館が、2020年に発生したアフリカ系アメリカ人の黒人男性ジョージ・フロイド氏の死亡事件を発端にした Black Lives Matter (BLM) 運動の国内における情報の収集を行っている。また、政府による従属的な社会集団に対する過去の政策の過ちに関する謝罪についてのコレクションもいくつかあり、カナダではカナダ国立図書館・文書館が、同化政策の一環として先住民を寄宿学校に強制的に入学させた問題にかかわって設置された「真実と和解委員会」と関連組織および協力者・支援者のウェブアーカイブコレクションを構築している。また、オーストラリアでは、英国からの孤児や貧困家庭の児童などの移民政策に関する「忘れられたオーストラリア人と元児童移民への謝罪」をテーマとしたコレクションがある。その他、欧州においては2015年に中東やアフリカからの難民が大きな社会的問題となったが、デンマーク・フィンランド・チェコの各国立図書館において関連するウェブ情報がアーカイブされており、それ以外にも、英国の UK Web Archive ではアフリカ系・アジア系のコミュニティやイスラム教徒に関するコレクションが、フランス国立図書館では北アフリカ移民に関するコレクションが、オランダ王立図書館では同国の中国系移民のコミュニティに関するコレクションが存在する。

収集対象
報道、政治家の反応、移民に関する団体。
謝罪のきっかけとなった3つの調査、政府、メディア、関連組織。
政府、政党、報道機関、ソーシャルメディア。

3-2 従属的な社会集団のオーラルヒストリーとデジタルアーカイブ

　次に同様にオーラルヒストリーデジタルアーカイブでの扱いを見て行くが、第2節で述べたように、ここでも基本的に国立図書館など政府機関が行っているものに絞って検討したい。

　まず、米国議会図書館では同館の米国民俗センターが2010年からOccupational Folklife Projectを行っている[33]。転換期の労働者文化のオーラルヒストリーをアーカイブすることを目的としたコミュニティー密着型の事業で、同センターは収集されたオーラルヒストリーの保存場所としての機能を担っている。未編集の映像・音声資料と関連画像の収集に取り組んでおり、現在、1,300件以上の音声・映像による労働者のオーラルヒストリーのインタビューが記録化されている。収集・公開されている職種は、飛行機工場・鉄工所・酪農・食品卸売業・葬祭業・廃棄物処理業・電気技師・陶器職人・サーカス団員・ホームレスシェルター職員・鉱山労働者・港湾労働者・美容院・競馬場・ワイナリー・たばこ産業・医療従事者・教師と多様であり、移民の家事労働者・食肉加工業者や女性建築家のオーラルヒストリーも公開されている。平均50分から60分のインタービューでは現在の仕事や身に付けた仕事上の知識、仕事での課題・やりがい・望み、職業共同体などについて語られている。同センターでは、この他、Veterans History Projectにおいて第一次世界大戦から近年のイラク戦争やアフガニスタン紛争までの退役軍人のオーラルヒストリーを実施しているほか[34]、市民の物語を集める全米規模のオーラルヒストリープロジェクトStoryCorpsが収集したオーラルヒストリー

の保存にも取り組んでおり[35]、後者のプロジェクトにおいては、移民／難民、アフリカ系米国人、LGBTQのオーラルヒストリーが実施されている[36]。

同様のプロジェクトとしては英国図書館が、1987年に設立された同館内の独立した慈善団体ナショナル・ライフストーリーズと開始したNational Life Stories Projectsがある[37]。社会のできるだけ広範囲の層から直接聞いた話を記録・保存し、一般の利用に供することを目的とした事業である。第2節で述べた同館のオーラルヒストリーコレクションと同等の記録として位置づけられており、鉄鋼・石油／ガス・電力・出版・金融・郵便局・水道事業・芸術家・建築家・作家・工芸職人などといった多様な職業人のコレクションが存在する。その他、ホロコーストの生存者や障害者を対象としたものやテスコ社、ベアリングス銀行といった特定の企業の関係者を対象としたものも確認できる。そして、個々のプロジェクトでは多様な視点を集めることを目的として、有名・無名を問わず、最高経営責任者から秘書・技術者・事務員・清掃員までの多様な階層の、興味深く新たな気付きを得られるようなライフストーリーを収集することが目指されている。

その他、オーストラリア国立図書館のOral history and folkloreコレクションでは、同館のウェブアーカイブでも紹介した「忘れられたオーストラリア人と元児童移民への謝罪」に関し、対象者へのオーラルヒストリーも実施しており、許可を得られたものについてオンラインで公開している[38]。また、シンガポール国立公文書館のオーラルヒストリーセンターのデジタルアーカイブにも、草の根運動・労働組合・移民・女性問題に関する口述記録の存在を確認できる[39]。

齊藤純一は、公共圏からのインフォーマルな排除の問題にかかわって、問題があること自体が意識されない「分断」の問題に言及し、「言説の資源」で劣位にある従属的な社会集団が、他者からの蔑視・否認・一方的な保護の視線を跳ね返すために自身の言説の空間＝「対抗的な公共圏」を創出することの意義を述べている。そして、その空間での言説が既存の公共圏の言説にどのように影響するかは一概には言えないものの、そうした行為が公共圏を政治化

し、これまで問題でなかったものを、公共圏から除外される側から見た社会の問題として新たに浮かび上がらせる効果があると指摘する[40]。

とするならば、以上見てきたような世界の国立図書館などが行っている従属的な社会集団のオーラルヒストリーのデジタルアーカイブ化は「対抗的公共空間」の言説を「デジタル公共文書」として「見える化」するという効果があるように思える[41]。「対抗的公共空間」の言説は、先ほど述べた「言説の資源」の劣位により図書館がこれまで収集してきた図書・雑誌・新聞といった紙媒体では必ずしも記録化されているとは限らず、そのような従属的な社会集団の言説を「デジタル公共文書」としてアーカイブ化することは、既存のコレクションを補完するものとしても位置付けることが可能であろう。それは、ローティが述べるような、「心に傷を与えるような屈辱を含む「残酷さ」への私たちの感性を拡張させることで、社会的な連帯」（リベラルな「公共性」)[42]を達成し社会的分断を防ぐ効果もあるように思われる。

このように見てくると、日本の状況は、「公共圏」や「対抗的公共圏」での言説を「デジタル公共文書」としてアーカイブ化するという観点では海外と比べて遅れており、ウェブアーカイブ・オーラルヒストリーデジタルアーカイブともに「デジタル公共文書」の条件を十分には満たしていないように感じられる。では、海外において多様なインターネット情報やオーラルヒストリーのデジタルアーカイブ化を可能たらしめているのは、どのような仕組みなのだろうか。最後にその点について検討し、日本においても参考可能な点を見ていきたい。

4　おわりに──諸外国での収集を担保する仕組み

まずは、ウェブアーカイブ・オーラルヒストリーデジタルアーカイブともにであるが、単独の機関で行っているよりも、複数の機関が共同、もしくは連携して実施している事例を多数見ることができることを指摘できる。

英国やオーストラリアのウェブアーカイブでは、既に紹介したように、複

数の機関が共同で運営しており、特に地域のウェブ情報のアーカイブ化については各地域の図書館が担当していることがわかる。その他でも、スペイン国立図書館は各自治州の保存センター[43]と、スイス国立図書館は州立図書館等と連携して行っている[44]。英国やオランダの事例では大学・専門機関・専門図書館と連携している事例も見られる（表4）。米国で興味深いのは、ウェブアーカイブを実施している非営利団体 Internet Archive が取り組む、公共図書館による地域の歴史のウェブアーカイブ構築を目的とした継続教育プログラム Community Webs である。Internet Archive が提供するウェブアーカイブ実施のための有料サービス Archive-It を3年間無償で提供し、図書館員を対象とした研修をも実施することで地域のウェブアーカイブコレクションの構築を支援するものであり、北米を中心に150館以上の公共図書館などが参加している[45]。参加館の中には、地方議会選挙の立候補者、地方議会議員、政党の支部組織や地元の BLM 運動や LGBTQ に関するウェブ情報をアーカイブしているところも確認できる[46]。また、2022年9月に、Internet Archive は、Community Webs で収集・公開してるウェブアーカイブコレクションのメタデータを米国デジタル公共図書館（DPLA）経由で検索できるようにしたと発表しており[47]、アーカイブされた情報の発見可能性を高めている。全国公共図書館協議会の調査によれば、日本でウェブアーカイブを実施している公共図書館は、地方公共団体がウェブ上でのみ刊行する行政資料を電子的に保存する例を含めても実施例は少ないが[48]、こういった容易に取り組めるプラットフォームの有無も、その要因として大きいように思われる。

　オーラルヒストリーデジタルアーカイブに関しても、米国議会図書館による外交官のオーラルヒストリー Frontline Diplomacy は、先述したように非営利団体の Association for Diplomatic Studies and Training が実施しているものである。また、Occupational Folklife Project は国内各地で生み出される多数のオーラルヒストリーを比較的安価に収集・管理・保存できるようにすることが目指されており、オーラルヒストリーの調査員がインタビューのメタデー

タを送信した後、インタビュイーから取得した米国議会図書館での公開許可書とともに指定された電子的フォーマットでデータを提出することで迅速に整理・公開できるようになっている[49]。StoryCorpsとの連携についても、StoryCorps Connectというオンラインツールを用いてインタビューを行い、公開範囲を指定したうえでStoryCorpsおよび米国議会図書館にデータを送信できるようになっている[50]。また、StoryCorpsのプラットフォームを用いてオーラルヒストリーを集めている公共図書館も見ることができる[51]。

　英国の場合も、国会議員のオーラルヒストリーHistory of Parliament's Oral Historyプロジェクトについては先述のように議会史財団と連携して実施されており、National Life Stories Projectsに関しても、研究者等が評議員や諮問委員に任命されている[52]。また、オーラルヒストリーの国立センターとしてオーラルヒストリー実施のための支援や研修を行っている英国図書館、ワークショップの開催・資金の提供・機材の貸出・インタビュー実施契約書の雛形の公開などといった形で支援しているニュージーランド国立図書館[53]といった事例も、オーラルヒストリーの実施を後押ししているものとして指摘することは可能であろう。

　このように見てくると、ウェブアーカイブにしてもオーラルヒストリーデジタルアーカイブにしても、単独で行わず連携・協力して行うこと[54]や、連携・協力館がアーカイブ活動に容易に参加できるプラットフォームを構築することが重要なように思われる。アーカイブされたデータはオンライン上では非公開な場合もあり、それは、ウェブサイトの公開者などからのアーカイブへの協力の得られやすさを考えると、アーカイブデータを閲覧室内のみで公開することは選択肢してありえるが、そのような場合でも、例えば、閲覧可能な施設を複数館指定して利用の便を図っているような事例も海外では見られ[55]、日本でも検討して良い仕組みであろう。

　しかし、なによりも、海外の事例を見てくると、DX以降の社会においては、図書館等が「公共圏」内に存立するものとしてその社会的役割を担うためには、「デジタル公共文書」として何を記録・収集・保存すべきかという職員

のキュレーション能力がますます重要になってくるように思われ、また、そのようなことを可能たらしめる、時代に則した著作権法等の法規の改正も必須となってくるだろう[56]。

注
1) 古賀崇(2021)「書評　デジタルアーカイブ・ベーシックス第1期全5巻」『アーカイブズ学研究』(35), 175-181.
2) 福島幸宏(2021)「E2386 - ラウンドテーブル「デジタル公共文書を考える」<報告>」『カレントアウェアネスーE』413.(https://current.ndl.go.jp/e2386)(最終アクセス：2022年3月1日)
3) 「公共圏」『図書館情報学用語辞典』第5版.(https://kotobank.jp/word/公共圏-186002)(最終アクセス：2022年3月1日)
4) ユルゲン・ハーバーマス(細谷貞雄・山田正行訳)(1994)『公共性の構造転換―市民社会の一カテゴリーとしての探究』(第2版)未来社.
5) 内閣府(2019)「行政文書の電子的管理についての基本的な方針(平成31年3月25日内閣総理大臣決定)」(https://www8.cao.go.jp/chosei/koubun/hourei/kihonntekihousin.pdf)(最終アクセス：2022年3月1日)
6) 瀬畑源(2020)「公文書で読む近現代史(14)公文書の電子化推進」『時の法令』(2098), 58-61.
7) 御厨貴(2007)「オーラル・ヒストリーとは何か―「語り手の浸透」から「聞き手の育成」へ」『オーラル・ヒストリー入門』御厨貴編, 岩波書店, 1-23.
8) 蘭信三(2015)「オーラルヒストリーの展開と課題―歴史学と社会学の狭間から」『岩波講座日本歴史』第21巻　史料論<テーマ巻2>大津透・桜井英治・藤井譲治・吉田裕・李成市編, 岩波書店, 209-241.
　　大門正克(2017)『語る歴史、聞く歴史―オーラルヒストリーの現場から』岩波書店.
9) 蘭信三(2019)「特集2　オーラルヒストリーのアーカイブ化を目指して　はじめに」『日本オーラル・ヒストリー研究』15, 57-60.
10) 小林多寿子(2019)「オーラルヒストリーとアーカイヴ化の可能性―質的データ・アーカイヴ化研究会調査より―」『日本オーラル・ヒストリー研究』15, 77-88.
　　類似の課題の指摘については以下も参照。
　　佐藤信(2019)「オーラル・ヒストリーの世界標準とこれから―ブラック・オーラルから脱するために」『オーラル・ヒストリーに何ができるか　作り方から使い方まで』御厨貴編, 岩波書店, 115-135.

　　若林悠(2019)「オーラル・ヒストリーにおける「残し方」―課題と工夫の「共有」に向けて」『オーラル・ヒストリーに何ができるか　作り方から使い方まで』御厨貴編, 岩波書店, 137-151.

11)　国立公文書館の機能・施設の在り方などに関する調査検討会議(2016)「国立公文書館の機能・施設の在り方に関する基本構想」(https://www8.cao.go.jp/chosei/koubun/shinkan/pdf/kousou_honbun.pdf)(最終アクセス：2022年3月1日)

12)　歴史資料等の積極収集に関する検討会議(2017)「今後の検討に向けた論点の整理」(https://www.archives.go.jp/about/report/pdf/ronten.pdf)(最終アクセス：2022年3月1日)

13)　長谷川貴志(2018)「国立公文書館におけるオーラル・ヒストリー事業の実施に向けた一考察」『北の丸：国立公文書館報』50, 31-56.

14)　ナンシー・フレイザー(山本啓・新田滋訳)(1999)「公共圏の再考：既存の民主主義の批判のために」『ハーバマスと公共圏』クレイグ・キャルホーン編, 未来社, 117-159.

15)　IIPC MEMBERS (https://netpreserve.org/about-us/members/)(最終アクセス：2022年3月1日)

16)　遠藤薫(2011)「アメリカのメディア・ポリティクス―映像メディアと大統領選2000~2008」「2009年政権交代と間メディア社会―新聞・テレビ・ネットは選挙をどう論じたか」「2010年参議院選挙と間メディア社会―政権交代のその後とソーシャルメディア」『間メディア社会における＜世論＞と＜選挙＞日米政権交代に見るメディアポリティクス』東京電機大学出版局, 4-42, 65-144.

17)　遠藤薫(2011)「アメリカのメディア・ポリティクス―映像メディアと大統領選2000~2008」『間メディア社会における＜世論＞と＜選挙＞日米政権交代に見るメディアポリティクス』東京電機大学出版局, 4-42.

18)　国立国会図書館インターネット資料収集保存事業(WARP)について(https://warp.ndl.go.jp/info/WARP_Intro.html)(最終アクセス：2022年3月1日)

19)　国立国会図書館インターネット資料収集保存事業「政党」(https://warp.ndl.go.jp/collection/party/)(最終アクセス：2022年3月1日)

20)　国立国会図書館インターネット資料収集保存事業「日本経済団体連合会」「経済同友会」「全国労働組合総連合(全労連)」(https://warp.ndl.go.jp/waid/12958)(https://warp.ndl.go.jp/waid/20149)(https://warp.ndl.go.jp/waid/20165)(最終アクセス：2022年3月1日)

21)　*2017 Local Elections (Luxembourg Web Archive)* (https://www.webarchive.lu/what-we-have/2017-local-elections-2/)(最終アクセス：2022年3月1日)

22) 齊藤純一(2000)「市民社会と公共性」『思考のフロンティア 公共性』岩波書店, 21-36.

23) ユルゲン・ハーバーマス(細谷貞雄・山田正行訳)(1994)「公共性の政治的機能変化」『公共性の構造転換―市民社会の一カテゴリーとしての探究』(第2版)未来社, 249-320.

24) 齊藤純一(2000)「はじめに」『思考のフロンティア 公共性』岩波書店, ⅲ - ⅺ .

25) 辻智佐子・辻俊一・渡辺昇一(2011)「インターネット・コミュニケーションにおける公共性研究に関する一考察」『城西大学経営紀要』(7), 33-51.

　　村上陽一郎は、新しい民主主義社会の一つの姿として、政治をもコントロールしかねない新しい権力機構であるサイバー空間に対し、我々は繰り返し自分たちの意見をフィードバックして、何らかの形で権力機構のもつある種の暴力性を弱化する必要性を指摘するが、ウェブアーカイブはそれを担保するものとなりえよう。

　　村上陽一郎・辻井潤一・金田伊代・清田陽司・三宅洋一郎・大内孝子(2022)「レクチャーシリーズ：「AI 哲学マップ」〔第8 回〕変容する社会と科学，そして技術」『人工知能』37(3), 64-374.

26) *Obama Presidency Oral History Project* (Columbia Center for Oral History Research) (https://www.ccohr.incite.columbia.edu/obama-presidency-oral-history-project)(最終アクセス：2022年3月1日)

27) 清水唯一朗(2003)「日本におけるオーラルヒストリー――その現状と課題、方法論をめぐって―」(http://web.sfc.keio.ac.jp/~yuichiro/OralHistory2003.pdf)(最終アクセス：2022年3月1日)

　　梅崎修(2016)「英米のオーラルヒストリー・アーカイブから何を学ぶか」『カレントアウェアネス』(330), 21-24.

　　また、諸外国のオーラルヒストリーについては以下に詳しい。

　　朴沙羅(2023)「オーラルヒストリーという営み」『記憶を語る、歴史を書く　オーラルヒストリーと社会調査』有斐閣, 21-63.

28) *Frontline Diplomacy: The Foreign Affairs Oral History Collection of the Association for Diplomatic Studies and Training (Library of Congress)* (https://www.loc.gov/collections/foreign-affairs-oral-history/about-this-collection/)(最終アクセス：2022年3月1日)

29) *Oral History Project (United States Senate)* (https://www.senate.gov/history/oralhistory.htm)(最終アクセス：2022年3月1日)

30) Oral History Project(The History of Parliament) (https://www.historyofparliamentonline.org/about/latest-research/oral-history-project)(最終アクセス：2022年3月1日)

　　The History of Parliament oral history project (Blitish Library) (https://sounds.bl.uk/Oral-history/The-History-of-Parliament-Oral-History-Project）（最終アクセス：2022年3月1日）

31）　*Oral History Intervews (National Archives of Singapore)*（https://www.nas.gov.sg/archivesonline/oral_history_interviews/）（最終アクセス：2022年3月1日）

32）　구술기록(口述記録)(국회기록보존소)(国会記録保存処) (https://archives.nanet.go.kr/interview/interviewList.do)（最終アクセス：2022年3月1日）

33）　*Occupational Folklife Project (Library of Congress)*（https://www.loc.gov/collections/occupational-folklife-project/about-this-collection/）（最終アクセス：2022年3月1日）

34）　*Veterans History Project* (Library of Congress)（https://www.loc.gov/vets/）（最終アクセス：2022年3月1日）

35）　*THE STORYCORPS ARCHIVE*（https://storycorps.org/discover/archive/）（最終アクセス：2022年3月1日）

36）　*Discover StoryCorps*（https://storycorps.org/discover/）（最終アクセス：2022年3月1日）

37）　*National Life Stories (British Library)*（https://www.bl.uk/projects/national-life-stories）Projects *National Life Stories (British Library)*（https://www.bl.uk/projects/national-life-stories%20）（最終アクセス：2022年3月1日）
　　以下も参照。
　　ポールトンプソン・酒井順子(2004)「ポール・トンプソン氏に聞く　オーラル・ヒストリーの可能性を開くために」『歴史評論』648, 2-17.

38）　*Forgotten Australians and Former Child Migrants Oral History Project (National Library of Australia)*（https://www.nla.gov.au/oral-history/forgotten-australians-and-former-child-migrants-oral-history-project）（最終アクセス：2022年3月1日）

39）　*Oral History Intervews (National Archives of Singapore)*（https://www.nas.gov.sg/archivesonline/oral_history_interviews/）（最終アクセス：2022年3月1日）

40）　齊藤純一(2000)「公共性と排除」『思考のフロンティア 公共性』岩波書店, 8-19.

41）　「ホームレス自身」「ストーリー・メディアという対抗的公共圏」「主要な公共圏」という3者にとっての、対抗的公共圏におけるホームレスのライフストーリーの果たす役割を検討した八鍬は「これまで語る口をもたず、主流派社会から聞く耳をもたれなかったホームレスの人びとの語りが届けられることで、ようやく公共的空間に現れたということができる」と指摘し、加藤・宮本は、デジタル時代に「アーカイブ」に関わり考察するに際しては公共性の問い直しの作業を含まざるを得ないことに言及する。
　　八鍬加容子(2021)「対抗的公共圏におけるライフヒストリーの役割の検討―ホームレスの「自立」観をめぐって―」『日本オーラル・ヒストリー研究』17, 135-154.

　　加藤諭・宮本隆史(2022)「まとめと展望」『デジタル時代のアーカイブ系譜学』柳与志夫監修, 加藤諭・宮本隆史編, みすず書房, 237-252.

42)　リチャード・ローティ(齊藤純一・山岡龍一・大川正彦訳)(2000)『偶然性・アイロニー・連帯　リベラル・ユートピアの可能性』岩波書店.

43)　*Comunidades Autónomas (Biblioteca Nacional de España)*(http://www.bne.es/es/Colecciones/ArchivoWeb/Subcolecciones/ComunidadesAutonomas.html)(最終アクセス：2022年3月1日)

44)　*Websites – Web Archive Switzerland (Swiss National Library)*(https://www.nb.admin.ch/snl/en/home/information-professionals/e-helvetica/web-archive-switzerland.html)(最終アクセス：2022年3月1日)

　　SIGNORI, Barbara (2017) Preserving cultural heritage: Better together!(http://library.ifla.org/id/eprint/1801)(最終アクセス：2022年3月1日)

45)　Community Webs(https://communitywebs.archive-it.org/)(最終アクセス：2022年6月29日)

　　Community Webs についての日本語による解説は以下が詳しい。

　　遠山泰啓(2021)「E2433 - IA による地域ウェブ情報収集支援の取組 Community Webs」『カレントアウェアネス－E』422.(https://current.ndl.go.jp/e2433)(最終アクセス：2022年3月1日)

46)　例えば、以下などがある。

　　Birmingham Black Lives Matter 2020 (Birmingham Public Library)(https://archive-it.org/collections/14490)(最終アクセス：2022年3月1日)

　　Black Lives Matter News Articles (James Blackstone Memorial Library)(https://archive-it.org/collections/16719)(最終アクセス：2022年6月29日)

　　Rochester's LGBTQ History (Rochester Public Library)(https://archive-it.org/collections/17232)(最終アクセス：2022年3月1日)

47)　*Community Webs collections now available in Digital Public Library of America (Internet Archive)*(https://blog.archive.org/2022/09/27/community-webs-collections-in-dpla/)(最終アクセス：2023年6月29日)

48)　堀合儀子(2018)「E2044 - 公立図書館における地域資料サービスに関する報告書について」『カレントアウェアネス－E』351.(https://current.ndl.go.jp/e2044)(最終アクセス：2022年3月1日)

　　ウェブ上の行政資料は国立国会図書館がインターネット資料収集保存事業(WARP)でアーカイブしているから問題ないという意見もあろうが、収集頻度や技術的課題からアーカイブされることが必ず保証されているものでもないだろう。例

えば以下の文献では、一定の留保のもとであるが、大学や図書館のウェブサイトの WARP による保存状況の課題を指摘する。

塩崎亮(2019)「日本の大学ウェブサイトのアーカイブ状況：Internet Archive と WARP の比較」『聖学院大学総合研究所 Newsletter』29(2)、4-10.

常川真央(2022)「災害ならびに感染症の記録に向けたウェブアーカイブコレクションの評価：新型コロナウィルス感染症に関する図書館ウェブサイトのアーカイブを対象に」『日本図書館情報学会研究大会発表論文集』70、5-8.

また、地域情報、地域文化情報に該当するウェブサイト情報を公立図書館がアーカイブすることの必要性については約20年程前に既に指摘されている。

図書館をハブとしたネットワークの在り方に関する研究会(2005)「取組課題候補 VI：地域情報提供・地域文化発信」『地域の情報ハブとしての図書館―課題解決型の図書館を目指して―』図書館をハブとしたネットワークの在り方に関する研究会、48-50.

なお、各自治体での取組事例については以下を参照のこと。

竹田芳則(2023)「自治体発行オンライン資料の収集―近年の公立図書館の取組を中心に」『カレントアウェアネス』(357)、19-23.

49) *American Folklife Center Launches Occupational Folklife Project Online (Society of American Archives)*（https://www2.archivists.org/groups/oral-history-section/american-folklife-center-launches-occupational-folklife-project-online）（最終アクセス：2022年3月1日）

Occupational Folklife Project (The American Folklife Center)（https://www.loc.gov/folklife/ofp/）（最終アクセス：2023年6月29日）

50) *STORYCORPS CONNECT*（https://storycorps.org/participate/storycorps-connect/）（最終アクセス：2022年3月1日）

51) 例えば、エバーグリンパーク公共図書館では村制125周年、ウォータータウン公共図書館では新型コロナウイルス関係の集団記憶のオーラルヒストリーを収集し公開している。

Evergreen Park Public Library (StoryCorps)（https://archive.storycorps.org/communities/evergreen-park-public-library/）（最終アクセス：2022年3月1日）

Watertown COVID-19 Collective Memory Initiative (StoryCorps)（https://archive.storycorps.org/communities/watertown-covid-19-collective-memory-initiative/）（最終アクセス：2022年3月1日）

52) *National Life Stories (British Library)*（https://www.bl.uk/projects/national-life-stories）（最終アクセス：2022年3月1日）

53）　*Oral history (British Library)*（https://www.bl.uk/collection-guides/oral-history）（最終ア
クセス：2022年3月1日）

Oral history advice (National library of Zealand)（https://natlib.govt.nz/researchers/oral-
history-advice）（最終アクセス：2022年3月1日）

安岡は残された音声の継承・公開のための権利処理に関し、研究者自身が主体的
に学ぶこと、第一義的な責任は研究者にあることを指摘するが、英国やニュージー
ランドに見られるような公的な支援があると助かるのではないだろうか。

安岡健一(2019)「オーラルヒストリーを受け継ぐために」『日本オーラル・ヒスト
リー研究』15, 61-69.

54）　連携・協力による日本のウェブアーカイブの強化の必要性については以前指摘
したことがある。

武田和也(2008)「海外動向との対比からみた日本のWebアーカイビングの課題と
展望：国立国会図書館の取り組みを通して」『情報の科学と技術』58(8), 394-400.

なお、当時は国立公文書館もウェブアーカイブの実施を検討していたことがうか
がえる。

国立公文書館(2006)「ウェブページの移管・保存技術の動向」『電子媒体による公
文書等の適切な移管・保存・利用に向けて―調査研究報告書―』国立公文書館, 89-
104.

55）　例えば、英国では6つの納本図書館(9か所)、フランスでは26の納本図書館で閲
覧可能である。

UK Web Archive (BritishLibrary)（https://www.bl.uk/collection-guides/uk-web-archive）)
（最終アクセス：2022年3月1日）

Sélection partagée et accès en région aux archives de l'internet (Bibliothèque nationale
de France)（https://www.bnf.fr/fr/selection-partagee-et-acces-en-region-aux-archives-de-
linternet）（最終アクセス：2022年3月1日）

56）　山口和紀は、現在の国立国会図書館がインターネット資料収集保存事業(WARP)
を規定するような国内法では、ほとんどの場合において「公」ではなく「民」に属する
社会運動のウェブアーカイブを構築できないと指摘する。

山口和紀(2022)「ウェブアーカイブの公開を支える法律と仕組み　社会運動の
ウェブアーカイブズ構築に向けて」『遡航』4, 70-86.

なお、韓国国立中央図書館では、2023年3月、「未来の情報資源」たるウェブ情報
の収集・保存という課題を解決するための、同館のウェブアーカイブ事業の課題と
発展方法を提案する報告書を刊行している。

韓国国立中央図書館(2023)『웹자원 아카이빙(OASIS) 현황 및 사례, 미래 발전방안

（ウェブ資源アーカイビング（OASIS）現況及び事例、未来の発展方案）』韓国国立中央図書館.

参考サイト
Web Archives（米国議会図書館）
https://www.loc.gov/programs/web-archiving/web-archives/
Library and Archives Canada（カナダ国立図書館・文書館）
https://archive-it.org/home/bac-lac
Web archiving（ケベック州立図書館・文書館）
https://www.banq.qc.ca/collections/collections_patrimoniales/archives_web/index.html
Topics and Themes（UK Web Archive）
https://www.webarchive.org.uk/en/ukwa/collection
Parcours guidés - Archives de l'internet（フランス国立図書館）
https://www.bnf.fr/fr/parcours-guides-archives-de-linternet
WEBARCHIVIERUNG（ドイツ国立図書館）
https://www.dnb.de/DE/Professionell/Sammeln/Sammlung_Websites/sammlung_websites_
    node.html
Archivo de la Web Española（スペイン国立図書館）
http://www.bne.es/es/Colecciones/ArchivoWeb/index.html
Monographics（カタルーニャ国立図書館）
https://www.padicat.cat/en/search-and-discover/monographics
Historical growth of the KB web archive（オランダ王立図書館）
https://lab.kb.nl/dataset/historical-growth-kb-web-archive
Event collections（デンマーク王立図書館）
https://www.kb.dk/en/find-materials/collections/netarkivet/event-collections
Luxembourg Web Archive（ルクセンブルク国立図書館）
https://www.webarchive.lu/
Websites – Web Archive Switzerland（スイス国立図書館）
https://www.nb.admin.ch/snl/en/home/information-professionals/e-helvetica/web-archive-
    switzerland.html
Webarchiv Österreich（オーストリア国立図書館）
https://webarchiv.onb.ac.at/
National Library of Ireland(アイルランド国立図書館）

https://archive-it.org/home/nli

Vefsafn.is（アイスランド国立図書館）

https://vefsafn.is/

PANDORA（オーストラリア国立図書館）

https://pandora.nla.gov.au/

Verkkoarkisto（フィンランド国立図書館）

https://verkkoarkisto.kansalliskirjasto.fi/va/index.php/crawls

Webarchivum（国立セーチェーニ図書館）

https://webarchivum.oszk.hu/en/webarchive/sub-collections/event-based-harvests/

Webarchiv（チェコ国立図書館）

https://www.webarchiv.cz/en/topic-collections

EESTI VEEBIARHIIV（エストニア国立図書館）

https://veebiarhiiv.digar.ee/

Hrvatskom arhivu weba（クロアチア国立大学図書館）

https://haw.nsk.hr/category/novosti/

Spletni arhiv（スロベニア国立大学図書館）

http://arhiv.nuk.uni-lj.si/

New Zealand Web Archive（ニュージーランド国立図書館）

https://natlib-primo.hosted.exlibrisgroup.com/primo-explore/collectionDiscovery?vid=NLNZ

ARCHIVO DE LA WEB CHILENA（チリ国立図書館）

http://archivoweb.bibliotecanacionaldigital.cl/

SPECIAL COLLECTIONS（シンガポール国立図書館局）

https://eresources.nlb.gov.sg/webarchives/special-collection

OASIS（韓国国立中央図書館）

http://www.oasis.go.kr/main.do

Biblioteca Nacional de Colombia recupera la memoria digital del proceso de paz（コロンビア
　国立図書館）

https://bibliotecanacional.gov.co/es-co/actividades/noticias/en-la-bnc/biblioteca-nacional-
　recupera-memoria-digital-proceso-paz

＊最終アクセスは2022年3月1日。ただしコロンビア国立図書館のみ2023年6月29日。

第6章

研究データを公共空間に繋げる

――データジャーナルによるデータ共有体制の構築

南山泰之

1　はじめに

　本章では、デジタルアーカイブ論において取り上げられることの少ない研究データを、「デジタル公共文書」における議論と対比させながら取り上げる。まず、研究データの公共性に関する評価を行うための課題について考察する。続いて、より多くの研究データを公的空間へ繋げていくための足掛かりとして、研究データの共有に関する方針と関連分野における議論の動向を概観する。最後に、研究データの共有に関する具体的な実践例として、筆者が立ち上げに深く関わったデータジャーナル「Polar Data Journal」を紹介する。

2　研究データの公共性

　この節では、研究データの定義を振り返りつつ、研究データの公共性について簡単な評価を試みる。さらに、研究データの公共性を評価するために必要な課題を指摘する。

2-1　研究データとは

　研究データとは、CASRAI(Consortia Advancing Standards in Research Administration Information)の定義によれば「科学的な探求、学問、芸術活動

を支える一次資料であり、研究成果の検証に用いられる、あるいは研究成果そのものとして扱われるデータ」とされる[1]。一般にイメージされやすい観測データや実験データに留まらず、歴史的史料をデジタル化したデータ、記録写真や画像のデータ、翻刻のテキストデータなども研究データに含まれる。研究データの用語は分野によって多様な使われ方をしており、研究の中間生成物であるデータや、試料・サンプルといったデジタル形式でないデータも研究データと表現されることがある。本章では、「デジタル公共文書」との対比を念頭に、ある研究の最終段階におけるデジタルなデータを想定して議論を進める。

研究データのうち、研究成果の検証に用いられるデータは、典型的には学術論文の根拠となるデータ、ソースコード、プロトコル等（以下、根拠データと呼ぶ）である。根拠データは研究の再現性を担保するために必須であり、研究成果の一部を構成するものとして学術論文同様に保存されるべき情報である。近年では、学術出版者がデータ利用ポリシーを策定し、根拠データをデータリポジトリに登録することを査読開始の条件にするケースが見られる[2]。

他方で、研究成果そのものとして扱われるデータは、一般にデータを取得することを目的としたプロジェクトから産出される。データ取得コストの高い生命科学[3]や地球科学・天文学[4]といった分野では、大規模なデータリポジトリを用いたデータの体系的な収集と共有が進められてきた。このようなプロジェクトベースで得られたデータは、研究の一次資料として活用されるだけではなく、研究活動のアーカイブという側面を持つ場合がある。一方で、ドキュメンテーションには一定の専門性が要求され、かつ多くの場合業績として認められないため、研究者にとっては積極的な動機づけに欠けるといった課題がある[5]。

2-2　研究データの公共性に関する評価

情報を収集、整理、保存するには大きなコストがかかる。したがって、どのデータを残しどのデータを捨てるか、といった選定基準を明確にすること

は実務的に大きな関心事である。ここで、研究データは研究成果の検証材料として、または研究活動のアーカイブとして研究における意思決定プロセスを支える役割を果たす。この役割を説明責任の観点から捉えると、研究成果や研究活動に紐づく研究データの選定基準は、公共文書の意思決定プロセスを支える資料群の選定基準とパラレルに扱うことが可能と考えられる。

　一方で、ある特定の情報が「公共」に含まれるかどうか、を定めることは意外に難しい。公的組織が作成した文書の全てが公共文書になる訳ではなく、一方で個人が作成した手記であっても、時間が経つにつれ公共性を帯びることもある。2021年1月に開催されたラウンドテーブル「デジタル公共文書を考える」[6]の中で、福島は「文書やデータの存在が告知／周知／共有されること」を公共性の要件として挙げている。この見解では、公共の文書やデータは必ずしも一般に公開される必要はなく、必要に応じて参照が可能な状態に置かれることが重視される。また、生貝は「公共の役に立つデータというのは基本的にデジタル公共文書である」として、データの有用性という基準を提供している。ある情報が有用かどうか、の判断は人や時代の価値観によって動的に変化するものの、公共性の判断に対して、作成者側だけではなく利用者側の視点を含めていることは着目すべき点である。

2-3　研究データの公共性を評価するために

　公共文書の射程に関する議論は本章執筆時点(2023年8月)においても継続されており、管見の限り統一した見解は見られない。しかしながら、2-2で紹介した参照可能性、有用性の観点は作成者以外による検証・評価が可能な点において、一定程度の客観性を担保できる基準と考えられる。そのため、本章ではこの2つの基準を用いて研究データの公共性評価を試みたい。

　2-2で紹介した基準を研究データに適用するためには、研究データが利用者から見て参照可能であり、かつ有用性を判断できる必要がある。研究データのうち、研究成果の検証に用いられるデータの場合は、当該データを説明する学術論文や報告書を参照することで有用性の判断が可能である。一方で、

研究成果そのものとして扱われるデータの場合は、前述した一部の分野を除いて私的な領域での共有に留まっており、また当該データを解釈するための記述が不足しがちである。このようなデータは利用者の視点で公共性を評価することが難しく、各分野の研究者または研究コミュニティによるドキュメンテーションを待つことになる。

また、研究データに固有の論点として、アクセスするための技術的なハードルが挙げられる。研究データはデータ構造からして研究の文脈や実験・観測機器、解析ソフトウェアに強く依存しており、情報にアクセスするために専門的な知識を要求される場面が多い。研究データを公的空間へ「移管」[7]するためには、研究データのドキュメンテーションと並び、アクセス方法の整備や標準化、汎用化が課題と言えよう。

3　研究データの「移管」に関する動向

研究データは、一義的には研究者の私的な領域に属するデータである。このようなデータを公共の場に置くためには、第一に公共のインフラが拡大していくことの重要性が認識され、拡大に向けた取り組みが継続的に実施される必要がある。第二に、データを私的空間から公的空間に「移管」するために、ドキュメンテーションと標準的なアクセス方法の整備がなされる必要がある。本節では、後者の具体的な活動部分に焦点を当て、研究データの共有に関する方針と実践の動向を概観する。

3-1　研究データの共有に関する方針

研究データの共有は、研究データの再利用による研究の効率化、検証可能性の向上、新たな知見の創出などを目的に行われる[8], [9]。研究データの共有は、従来まで分野内での再利用を念頭に行われてきた。しかしながら、国際的な共同研究の拡大、オープンサイエンスの潮流などを受けて、最近では分野を超えた研究データの共有、再利用に期待が集まっている[10]。例えば、

2021年11月に公表されたUNESCOの「オープンサイエンスに関する勧告」[11]では、オープンな研究データのあり方として「FAIR（Findable, Accessible, Interoperable, and Reusable）原則[12]に従い、定期的なキュレーションとメンテナンスによって支援される」ことが明記されている。

　研究データの共有に関するもっとも有名な慣習として、上記にも登場したFAIR原則が挙げられる。FAIRは、Findable（見つけられる）、Accessible（アクセスできる）、Interoperable（相互運用できる）、Reusable（再利用できる）の略であり、データ共有の適切な実施方法を表現している。一方で、同原則はやや抽象的であるため多様な解釈を受けやすい。そのため、データがどの程度FAIR原則を満たしたものになっているか、を測定する取り組みとして、FAIR成熟度モデルの構築[13]や、FAIR度を評価するためのサービス開発[14], [15]などが国際的に進められている。

3-2　研究データの共有を扱う関心分野

　FAIR原則を始めとする方針を実践していくためには、データの性質や学術コミュニティの要請に従った実践の具体化が必要となる。一方で、研究データは研究者や研究グループの関心に沿って収集、整理、保存されており、通常はグループ外の利用者からアクセスされることを想定していない。結果として、2-3で言及したように、研究データを解釈するための記述の不足やアクセス方法の未整備といった課題が存在しており、公的空間において期待されるデータのあり方とは一定のギャップが存在する。研究データを一定の方針に沿った形で加工し、公的空間に「移管」するためには、研究の文脈から切り離した形でデータを理解可能にする必要がある。

　デジタルなデータを所定の基準に沿って処理し、第三者に対して理解可能にする一連の作業は、デジタルキュレーションと呼ばれる[16]。デジタルキュレーションの対象はデジタル資料全般に及ぶが、研究データに対するデジタルキュレーションは特にデータキュレーションと呼ばれる[17]。データキュレーションは、データのクリーニング、ドキュメンテーション、標準化、

フォーマット変換、関係するデータやコードとの関連付けといった一連の作業を含む[18]。

　データキュレーションは、デジタルキュレーションの一形態としてここ20年ほど活発に研究が進められてきた。データキュレーション研究の主要な関心事は、様々な分野における研究データへの長期アクセスや再利用の確保の具体的な実践であり、"archiving"や"preservation"といったキーワードを含む研究領域として理解されている[19]。主要な国際会議において、FAIR原則を取り込んだデータキュレーションの実践例も徐々に発表され始めており、今後の展開に着目する必要があろう[20]。

データキュレーションとデジタルアーカイブ

2-1で例示したように、研究データには歴史資料をデジタル化したデータや、記録写真や画像のデータが含まれる。一方、前者のデータを記録し社会的な資源として繋ぐための実践は、アーカイブズやレコードマネジメントの分野に議論の蓄積がある[21]。また、後者に代表される文化財を中心としたデータの利活用については、国内でもデジタルアーカイブをキーワードに活発な議論が展開されている。これらの研究分野は、想定対象とするデータの性質に違いがあるものの、関心領域がかなりの部分で重なり合う。実際、杉本はデータキュレーションとアーカイブズ学、あるいはデジタルアーカイブを類似の概念として整理しており、重要な点は「新しい価値の創造のために貴重なデジタルリソースを集め、保存し、提供し続ける」こととしてまとめている[22]。これらの領域における個別の事例を集積し俯瞰的に見ていくことで、研究データのライフサイクルにおける各研究分野の立ち位置がより明確になる可能性があるだろう。

4 研究データの共有に関する実践例

　2節、及び3節で見たように、研究データを適切な形で公的空間に「移管」するためには、研究データにおける公共性の評価だけではなく、ドキュメンテーション、アクセス方法の整備や標準化、汎用化の評価が重要な課題となる。加えて、これら一連の評価プロセスを実践するための持続可能な体制作りが実務的に肝要である。本節では、研究データの共有に関する実践例として、筆者が立ち上げに深く関わったデータジャーナル「Polar Data Journal」を事例として取り上げる。まず、研究データの共有を実現するための評価プロセスについて、データキュレーション分野における議論をもとに概説する。中でも、新たな評価プロセス構築に向けた実践であるデータ論文とデータジャーナルの概要、及びその出版ワークフローモデル開発について詳述する。さらに、評価プロセスの実装例として、「Polar Data Journal」における実践を紹介する。

4-1　研究データの評価プロセスとは

　研究データの評価プロセスは、研究データと関連文書の質をレビューし、対象を独立して解釈できるようにするために必要な措置を講じるプロセスである[23), 24)]。このプロセスには、大別してデータ及び付属文書の正確性や網羅性を評価する品質評価プロセスと、分野の専門家がデータの分野適合性などを評価する査読プロセスの2つがある。前者の品質評価プロセスでは、事前に定義された一定の基準に従ってデータの確認作業が行われる。ここでの確認作業はある程度機械的なチェックが想定されており、例えばデータファイルが問題なく開けるか(破損していないか)、付属文書やソースコードは添付されているか、付属文書の記述は十分か、といった内容が含まれる。

　一方で、データの査読プロセスにはあまり明確な基準がない。というのも、データの「査読」という概念自体があまり明確に定義されておらず、その意味は査読のシナリオによって異なるためである[25)]。データが査読の対象とな

る主なシナリオは3つある。①データがデータリポジトリで公開される場合、②データが論文の付録として公開される場合、③データがデータ論文として公開される場合である[26]。さらに、これらのシナリオは、データ共有に関わる研究者、リポジトリ管理者、出版社の役割分担によってバリエーションがある[27],[28]。

これら3つのシナリオのうち、①データがデータリポジトリで公開される場合、及び②データが論文の付録として公開される場合、の2つはいくつかの分野で実践されてきた。そして、これらの経験から、データの「査読」には複数の課題があることが指摘されている。例えば、多くのデータリポジトリは研究データを評価し改善を促す方針を持たないか、評価プロセスが特定の分野の観点からのみ行われている点が挙げられる[29]。また、メタデータの記述は時間がかかり、研究貢献として認められないことが多い[30]。結果として、データセットの質はまちまちであり[31]、またデータ登録の積極的な動機付けに欠ける状況が続いている。近年、これらの課題を克服できる可能性を持つ取り組みとして、③データがデータ論文として公開される場合が新たに着目されている[32],[33]。

4-2　データ論文とデータジャーナル

データ論文は、研究データの保存先情報等を含む付帯情報を中心に記述される論文種別である[34]。通常の研究論文とは異なり、データ論文には研究データから得られた知見や解釈が記載されることはほとんどない[35]。査読者はデータ論文に記述されたデータ文書を確認し、データが記述通りに処理されていることを確認する。表1にデータ論文が扱う項目の代表例を示す。

表1　データ論文の記述様式

No	項目	説明
1	基本情報	所有者、名前、DOI／URI など
2	利害関係	データセットに関係する個人的／組織的な関係性
3	範囲	空間的／時間的
4	形式	フォーマット、エンコード、言語など
5	ライセンス	—
6	詳細な帰属	各著者の貢献度
7	プロジェクト	—
8	データセットの来歴	取得方法、機材などを含む
9	品質	データの限界値・異常値などの情報
10	再利用	潜在的な価値

出典：Candela, L., Castelli, D., Manghi, P. and Tani, A. Data journals: A survey. Journal of the Association for Information Science and Technology. 2015, p. 4（Table 2）. doi：http://dx.doi.org/10.1002/asi.23358. を翻訳、一部改変

　これらの記述には、一般的な研究論文ではほとんど記述されない情報が含まれている。例えば、「形式」、「詳細な帰属」、「データセットの来歴」、「再利用」などは、一般的な研究論文では除外される可能性が高い。しかしながら、データ論文によって記述される情報量が増えれば、単純に再現性が向上し、研究の透明性が確保される可能性が高まると言える。なお、データ論文が掲載されるジャーナルによって、要求される記述の精度や強調点が異なることに留意されたい。

　ここで、データ論文を中心に出版する媒体は、一般にデータジャーナルと呼ばれる。もっとも、研究データを報告書や年表などの形で出版する試みは、従来から各所でなされてきた[36]。したがって、データジャーナルのコンセプト自体はさほど新しいものではないが、データジャーナルにおいては、事業モデルがある程度確立した論文出版事業のノウハウを活用する[37]ことで、データの定期刊行及び査読による一定の質の担保を実現している点に特徴がある。データジャーナルの枠組みを活用することで期待される効果としては、

以下の2点が挙げられる。

①流通経路の拡大

データジャーナルは既存の研究論文と同じプラットフォームで出版される。すなわち、データ論文は既存の研究論文と同じように検索することが可能であり、利用者はデータ論文を経由して研究データにアクセスすることが可能になる。データ論文を経由した検索ルートは、異なる分野にまたがるメタデータの複雑な学際的利用の問題を回避することができる[38]、との指摘もなされており、データジャーナルは流通経路の拡大に寄与する可能性がある、と言えるだろう。

②インセンティブの付与

データ論文が査読の対象となることにより、質の高い記述そのものが研究貢献としてカウント可能になる。また、データ論文は一般にデータ作成者が著者となるため、データ作成者の仕事を研究コミュニティの貢献として評価することが可能になる、といった側面を持つ[39]。データ論文の執筆が業績として位置づけられるかどうかは大学や研究機関の方針によるが、研究者やデータ作成者がより質の高いデータを作成し、保存する動機付けになる可能性がある。

4-3　データジャーナルの出版ワークフロー

データジャーナルによる出版は、伝統的な論文投稿フローとデータリポジトリへのデータ登録フローの2つを扱う必要がある。この問題に取り組んでいる数少ない例として、RDA/WDS出版データワークフローWGは、25のジャーナル／リポジトリ／ガイドラインを分析し、標準的なワークフローを開発している[40]。図1に、研究データ同盟（Research Data Alliance: RDA）のワーキンググループで議論されたデータ論文の出版ワークフローモデルを示す。

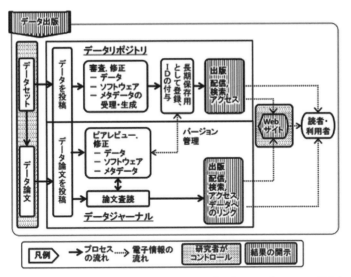

図1　RDA/WDS pubishing data workflows WGによるワークフローモデルを一部改変

　このモデルでは、データ論文の出版プロセスをデータリポジトリ側とデータジャーナル側で分け、各々で研究者がコントロールする部分、リポジトリ管理者やデータジャーナルの編集委員会がコントロールする部分を規定している。4-1の整理に沿って表現すれば、前者がデータの品質評価プロセス、後者が査読プロセスに該当しており、このモデルに沿って役割を割り当てていくことにより、効率的なデータ出版体制の構築が可能になる。

4-4　実践例：Polar Data Journalの取り組み

　前項までに見たように、研究データの共有における課題として挙げたドキュメンテーション、アクセス方法の整備や標準化、汎用化の評価、及びこれらを実現するための体制づくりは、データ論文の出版に関する論点として議論の蓄積がある。そこで、我々はこれらの議論を実践に落とし込むため、2017年に極域科学分野のデータジャーナル「Polar Data Journal」(https://pdr.

repo.nii.ac.jp/)（図2）を創刊した[41]。Polar Data Journalは、国立極地研究所によって創刊され、国内学術機関では初となるデータジャーナルである。2023年8月現在、計45報のデータ論文が出版されている。

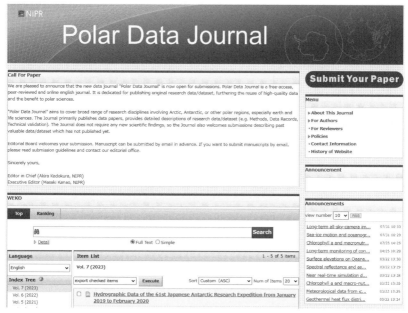

図2　Polar Data Journalスクリーンショット（2023年8月）

　Polar Data Journalは、一般的なデータジャーナルの特徴を継承し、フリーアクセスのオンラインジャーナルとして刊行されている。また、データ論文及び研究データに対してDOI（デジタルオブジェクト識別子）を付与し、原則としてオープンライセンスで公開する方針を取っている。その他特筆すべき取り組みとして、査読プロセス前後における研究データのハッシュ値比較、公開査読レポートの公開、の2点が挙げられる。つまり、投稿された研究データが改変されていないか、どのような議論の過程を経て公開に至っているのか、といった意思決定を支えるための情報を別に公開することで、データの真正性担保、検証可能性の向上に寄与している[42]。

4-5　アプリケーション上の実装

　図1で示したように、データジャーナル運用に当たっては、データセットとデータ論文を別々に管理し、ウェブサイトで統合的に公開する実務的なフローを設計する必要がある。複数関係者によるシームレスな出版フローを実現するため、我々は以下の3つのアプリケーションを組み合わせて全体のワークフローを構築した。ワークフローの関係者は，論文を投稿する著者、論文を精査する査読者、編集を行う編集委員及び事務局、データリポジトリ管理者である。図3にPolar Data Journalの投稿プロセスの概要を示す。

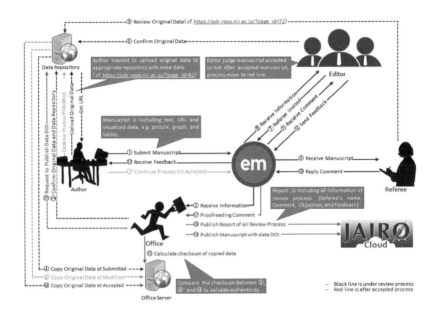

図3　Polar Data Journal投稿プロセスの概要

　データ論文を管理するアプリケーションとしては、商用のオンライン編集査読システムであるEditorial Managerを採用した（図3中央の "em" に該当）。編集査読システムでは、データ論文及び論文に付随するメタデータのほか、

査読プロセスの過程で生じるデータ論文のバージョン管理、査読者のアサイン、査読スケジュールやコメントの管理、採否決定通知といった機能を扱う。

データ論文と研究データを公開するアプリケーションは、国立情報学研究所が開発を進めるJAIRO Cloudサービス[43]を用いて構築した。JAIRO Cloudでは、採択が決定したデータ論文へのDOI発行、査読レポートの公開、対象となる研究データのバックアップといった機能を扱う。

上記2つとは対照的に、研究データを管理するアプリケーションは、アプリケーション側に求める要件のみを定義し、ジャーナルとしてホストしない方針を取った。これは、研究データの管理方法は投稿者の所属する機関や分野によって異なり、また同分野内で複数のデータリポジトリが既に構築されていたことによる[44]。アプリケーション側に求める要件としては、研究データ及びデータに付随するメタデータ管理のほか、研究データへのDOI発行、査読期間中の一時的なデータ閲覧といった機能を挙げた。さらに、運用ポリシーとして(a)永続的な識別子(DOIなど)の付与、(b)フリーアクセス、(c)オープンライセンス、の3点が明記されていることを条件とした。

編集事務局は、著者から提供されるリンク情報を確認し、登録先のデータリポジトリが上記の条件を満たしているか事前に審査する。もっとも，投稿プロセス期間中はこのリンクは完全に公開されたものである必要はなく，査読者がアクセス可能であればよい。

5 おわりに

本章の前半では、研究データを「デジタル公共文書」における議論と対比させながら、その公共性を評価するための課題について考察した。まず、2節では研究データの定義を振り返りつつ、研究成果や研究活動に紐づく研究データは、公共文書の意思決定プロセスを支える資料群とパラレルに位置づけられることを示した。さらに、研究データの公共性を評価するための基準として、暫定的ながら参照可能性、有用性の観点を援用して議論を進めた。

研究データの公開／非公開の議論は研究機関の説明責任やオープンサイエンスの観点から総論的に語られることが多い中、具体的な選定基準に踏み込んで議論することには一定の価値があるものと考える。

　続いて、3節では研究データの「移管」をテーマに、研究データの共有に関する方針と関連分野における議論の動向を概観した。研究データは、一義的には研究者の私的な領域に属するデータであることを前提としつつ、FAIR原則やデータキュレーション分野における議論の広がりを紹介した。コラムにも記したが、紹介したデータキュレーション分野は、デジタルアーカイブ関連分野とも関心領域を広く共有しており、両者における議論を相互に参照し援用していくことが望ましい。

　最後に、4節では研究データの共有に関する具体的な実践例として、筆者が立ち上げに深く関わったデータジャーナル「Polar Data Journal」を紹介した。まず、2節及び3節で指摘した研究データの評価にまつわる課題を取り上げ、関連する議論や取り組みを紹介した。さらに、これらの議論を実践に落とし込んだ事例として、国立極地研究所が創刊した「Polar Data Journal」の概要、及びアプリケーション上の実装を紹介した。この実践は、より多くの研究データを公共空間に「移管」するための一つの仕組みを提案したものと捉えている。

　研究データの共有に関する実践については、現在進行形で活発な議論が展開されており、その背景や方向性は極めて多様である。より最新の内容については、代表的な国際コミュニティである研究データ同盟（Research Data Alliance: RDA）[45]での議論などを必要に応じて参照されることを勧める。一方で、ウェブ時代に適合したより広範な公共空間を実現するためには、本章で触れたような学術分野における知見の共有を進めるだけではなく、官公庁、市民、企業が持つ多様な視点との整合性を意識して取り組みを進める必要があろう。本章で紹介した取り組みが、公共空間の拡大に向けた議論と実践の一助になれば幸いである。

注

1) CASRAI (2019) Research data.（https://codata.org/rdm-terminology/research-data/）（最終アクセス：2023年8月16日）

2) CHORUS (2021) Publisher data availability policies index.（https://www.chorusaccess.org/resources/chorus-for-publishers/publisher-data-availability-policies-index/）（最終アクセス：2023年8月16日）

3) 高祖歩美（2013）「生命科学分野におけるデータの共有の現状と課題」『情報管理』56(5), 294-301.（https://doi.org/10.1241/johokanri.56.294）

4) 村山泰啓・林和弘（2013）「オープンサイエンスをめぐる新しい潮流（その1）」『科学技術動向』146, 12-17.（http://hdl.handle.net/11035/2972）

5) 日本学術会議情報学委員会国際サイエンスデータ分科会（2014）「オープンデータに関する権利と義務——本格的なデータジャーナルに向けて」v.（http://www.scj.go.jp/ja/info/kohyo/pdf/kohyo-22-h140930-3.pdf）

6) 福島幸宏（2021）「ラウンドテーブル「デジタル公共文書を考える」＜報告＞」『カレントアウェアネス -E』413（E-2386）.（https://current.ndl.go.jp/e2386）（最終アクセス：2023年8月16日）

7) 法律用語において、移管とは「物品及び施設に対する管理を国及び地方公共団体のある機関から他の機関へ移す事」を指す。本章ではこの用例を準用し、公共性が認められるデータの管轄を公的空間に移すことを「移管」と表現している。

8) Tenopir, C., S. Allard, K. Douglass, A. U. Aydinoglu, L. Wu, E. Read, M. Manoff, and M. Frame (2011) Data sharing by scientists: Practices and perceptions, *PLOS ONE*, 6(6), 1–21.（https://doi.org/10.1371/journal.pone.0021101）（最終アクセス：2023年8月16日）

9) Piwowar, H. A. (2011) Who shares? who doesn't? factors associated with openly archiving raw research data, *PLOS ONE*, 6(7), 1-13.

10) Kowalczyk, S., and Shankar, K. (2011) Data sharing in the sciences, *Annual Review of Information Science and Technology*, 45(1), 247-294.（https://doi.org/10.1002/aris.2011.1440450113）（最終アクセス：2023年8月16日）

11) UNESCO (2021) Unesco recommendation on open science, 1-34.（https://unesdoc.unesco.org/ark:/48223/pf0000379949.locale=en）（最終アクセス：2023年8月16日）

12) FORCE11 (2014) Joint Declaration of Data Citation Principles.（https://force11.org/info/the-fair-data-principles/）（最終アクセス：2023年8月16日）

13) Bahim, C., Casorrán-Amilburu, C., Dekkers, M., Herczog, E., Loozen, N., Repanas, K., Russell, K. and Stall, S. (2020) The FAIR Data Maturity Model: An Approach to Harmonise

FAIR Assessments, *Data Science Journal*, 19(1), 41.（http://doi.org/10.5334/dsj-2020-041）

14） Wilkinson, M.D., Dumontier, M., Sansone, SA. et al. (2019) Evaluating FAIR maturity through a scalable, automated, community-governed framework, *Sci Data 6*, 174 (2019).（https://doi.org/10.1038/s41597-019-0184-5）

15） Clarke, D. J. B., et al (2019) FAIRshake: Toolkit to Evaluate the FAIRness of Research Digital Resources, *Cell Systems*, 9(5), 417-421.（https://doi.org/10.1016/j.cels.2019.09.011）（最終アクセス：2023年8月16日）

16） Higgins, S. (2011) Digital curation: The emergence of a new discipline, *International Journal of Digital Curation*, 6(2), 78-88.（https://doi.org/10.2218/ijdc.v6i2.191）

17） Curry E., Freitas A., O'Riáin S. (2010) The Role of Community-Driven Data Curation for Enterprises, *Linking Enterprise Data*, eds. Wood D., Springer.（https://doi.org/10.1007/978-1-4419-7665-9_2）

18） CASRAI (2019). Data curation.（https://codata.org/rdm-terminology/data-curation/）（最終アクセス：2023年8月16日）

19） Lord, P. and A. Macdonald. (2003) e-science curation report: Data curation for e-science in the uk: an audit to establish requirements for future curation and provision.（https://digitalpreservation.gov/news/2004/e-ScienceReportFinal.pdf）（最終アクセス：2023年8月16日）

20） "International Journal of Digital Curation".（http://www.ijdc.net/index）（最終アクセス：2023年8月16日）

21） エリザベス・シェパード，ジェフリー ヨー（森本祥子・平野泉・松崎裕子訳）（2016）『レコード・マネジメント・ハンドブック』日外アソシエーツ, 393.

22） 長尾真監修（2015）『デジタル時代の知識創造』角川学芸出版, 228-231.

23） Peer, L., Green, A. and Stephenson, E. (2014) Committing to data quality review, *International Journal of Digital Curation*, 9(1), 263–291.

24） Consultative Committee for Space Data Systems, C. (2012) Reference model for an open archival information system (oais): Magenta book.（https://public.ccsds.org/Pubs/650x0m2.pdf）（最終アクセス：2023年8月16日）

25） Mayernik, M. S., Callaghan, S., Leigh, R., Tedds, J. and Worley, S. (2015) Peer review of datasets: When, why, and how, *Bulletin of the American Meteorological Society*, 96(2).

26） Lawrence, B., Jones, C., Matthews, B., Pepler, S. and Callaghan, S. (2011) Citation and peer review of data: Moving towards formal data publication, *International Journal of Digital Curation*, 6(2), 4-37.

27） Peer, L., Green, A. and Stephenson, E. (2014) Committing to data quality review,

International Journal of Digital Curation, 9(1), 263-291.

28） Lawrence, B., Jones, C., Matthews, B., Pepler, S. and Callaghan, S. (2011) Citation and peer review of data: Moving towards formal data publication, *International Journal of Digital Curation*, 6(2), 4-37.

29） Peer, L., Green, A. and Stephenson, E. (2014). Committing to data quality review, *International Journal of Digital Curation,* 9(1), 263-291.

30） Edwards, P. N., Mayernik, M. S., Batcheller, A. L., Bowker, G. C. and Borgman, C. L. (2011) Science friction: Data, metadata, and collaboration, *Social Studies of Science,* 41(5), 667-690.

31） Ruggles, S. (2017) The importance of data curation, *The Palgrave Handbook of Survey Research*, 303-308.

32） イアン・ヒリナスキエヴィッチ，新谷洋子（2014）「Scientific data――データの再利用を促進するオープンアクセス・オープンデータジャーナル」『情報管理』57（9），629-640.

33） Assante, M., Candela, L., Castelli, D. and Tani, A. (2016) Are scientific data repositories coping with research data publishing?, *Data Science Journal*, 15.

34） 日本学術会議情報学委員会国際サイエンスデータ分科会（2014）「オープンデータに関する権利と義務――本格的なデータジャーナルに向けて」v.（http://www.scj.go.jp/ja/info/kohyo/pdf/kohyo-22-h140930-3.pdf）

35） Candela, L., Castelli, D., Manghi, P. and Tani, A. (2015) Data journals: A survey, *Journal of the Association for Information Science and Technology,* 66(9), 1747-1762.

36） 例えば、国立天文台が編纂する理科年表などが挙げられる（https://www.rikanenpyo.jp/）。

37） 林和弘・村山泰啓（2015）「研究データ出版の動向と論文の根拠データの公開促進に向けて――オープンサイエンスをめぐる新しい潮流（その3）」『科学技術動向』（148）.

38） Willis, C., Greenberg, J and White, H. (2012) Analysis and synthesis of metadata goals for scientific data, *Journal of the American Society for Information Science and Technology*, 63(8), 1505-1520.

39） Lawrence, B., Jones, C., Matthews, B., Pepler, S. and Callaghan, S. (2011) Citation and peer review of data: Moving towards formal data publication, *International Journal of Digital Curation*, 6(2), 4-37.

40） Austin, C. C., Bloom, T., Dallmeier-Tiessen, S. et al. (2016) Key components of data publishing: using current best practices to develop a reference model for data publishing, *Int*

J Digit Libr, 18, 77-92 (2017).（https://doi.org/10.1007/s00799-016-0178-2）

41）　南山泰之・照井健志・村山泰啓・矢吹裕伯・山地一禎・金尾政紀（2017）「データ
　　　ジャーナル『Polar Data Journal』創刊の取り組み――極域科学データの新たな公開体
　　　制構築に向けて」『情報管理』60（3）, 147-156.（https://doi.org/10.1241/johokanri.60.147）

42）　Terui, T., Minamiyama, Y. and Yamaji, K. (2019) "Possibility and Prevention of
　　　Inappropriate Data Manipulation in Polar Data Journal," 2019 8th International Congress
　　　on Advanced Applied Informatics (IIAI-AAI), Toyama, Japan. 395-399.（https://doi.
　　　org/10.1109/IIAI-AAI.2019.00087）（最終アクセス：2023年8月16日）

43）　前田朗・加藤寛士・高橋菜奈子・山地一禎（2016）「システム基盤としてのJAIRO
　　　Cloud」『大学図書館研究』103, 9-15.（https://doi.org/10.20722/jcul.1423）

44）　国立極地研究所においても、極域のデータをホストするデータリポジトリとし
　　　て北極域データアーカイブシステム（ADS：Arctic Data archive System, https://ads.nipr.
　　　ac.jp/）を保有している。

45）　"Research Data Alliance"（https://www.rd-alliance.org/）（最終アクセス：2023年8月
　　　16日）

第7章

パブリックヒストリーから考える「デジタル公共文書」

菊池信彦

1　はじめに

　本章は、「パブリックヒストリー」(Public History)という観点から「デジタル公共文書」へアプローチすることを目的としている。「パブリックヒストリー」という言葉について、まずはその定義から話を始めたい。

　パブリックヒストリーとは、主に英米の歴史学界で1960年代後半から70年代以降に始まったもので、近年、日本を含む世界的に注目を集めている比較的「新しい」研究および実践領域である。2019年に結成されたパブリックヒストリー研究会[1]の中心メンバーである岡本によると、「パブリックヒストリーは多義的な内容を含むが、基本的には『パブリックに対する』(to the public)歴史と、『パブリックの中』(in the public)にある歴史、に区別できる」という。そして、前者は、「何らかの媒体によって『専門的な作り手から』伝えられている歴史」、後者を「パブリックの中にある、一般の人々自体が作り出している歴史」と述べている[2]。一方、同じく2019年に『パブリック・ヒストリー入門』を北條とともに編んだ菅は、岡本の定義よりもよりいくぶん実践を重視した表現で、次のように定義づけている。

　　「パブリック・ヒストリーとは、人びとの日常的歴史実践を理解するだ

けではなく、その歴史実践過程に歴史学者が積極的に関わることを志向するラディカルな動きであることを、ここではまず確認しておきたい。…〔中略〕…パブリック・ヒストリーの研究や実践では、『普通の人々の歴史認識に歴史学者が意識的に介入する』のである[3]。」

　菅自身、上記引用箇所に続けて述べていることであるが、パブリックヒストリーにおいて「意識的に介入する」というのは、専門家である歴史研究者が普通の人々に「教えてあげる」といったような、上下関係を意味するものではない。パブリックヒストリーはむしろ「そのような上下関係を打ち壊し、多様な人々が多元的な価値を尊重すると共に、同じ立場で共同して民主的に歴史をめぐって交渉しあう」点に向けられており、そこに「パブリック・ヒストリーの主たる眼目が置かれている」のである[4]。したがって、パブリックヒストリーとは、歴史学の営みとその成果を様々なメディアを通じてパブリックへと開くことであると同時に、歴史研究者が多様な人びとの間で水平的な関係を構築しながら、歴史学を実践することでもある。

　ところで、もう一つのキーワードである「デジタル公共文書」もここで定義しておきたい。本書各章においてそれぞれの定義がなされていることと思うが、本章では「デジタル公共文書」を、山脇の公共哲学[5]と、上記および他のパブリックヒストリーの論集[6]での定義にかかわる議論を参照しつつ、次のように考えている。すなわち、パブリック／公共については、国や政府を意味する「公」と、私的領域である「私」それぞれに対して相互に作用する主体としての「民や人々の公共」として捉えている。そして、「デジタル公共文書」については、この「民や人々の公共」による (by the public)／のなかにある (in the public)／に関する (about the public)／のための (for the public)、デジタルなアーカイブ資料と定義して、論を進めたい。

　本章は、パブリックヒストリーとは何か、その特徴を論じながら、「デジタル公共文書」とどのように関わるのかを考えていく。それを通じて、「デジタル公共文書」に取り組むデジタルアーカイブ業界、そして特に図書館、博

物館、文書館のいわゆるMLAが、パブリックヒストリーとどのような関係を取り結べばよいのか、パブリックヒストリーからデジタルアーカイブ業界へ何が期待されるのかを考察したい。以上の行論から、パブリックヒストリーと「デジタル公共文書」という二つの間を結ぶ橋渡しの役目を果たすことが本章の課題である。

2　パブリックヒストリーの広がりとアーカイブ実践の位置づけ

2-1　パブリックヒストリーの広がり

　冒頭で紹介したパブリックヒストリーの定義は、歴史研究者が学界の「外」にいるパブリックとどのような関係を取り結ぶのかという視点に立つものであった。このような視点に対し、国際パブリックヒストリー連盟の前会長であるコヴァン（Thomas Cauvin）は、そのような定義が歴史研究者等の行為者間の関係性の規定に留まるものであり、パブリックヒストリーをプロセスとして捉え切れていない——すなわち、パブリックヒストリーを構成する要素と要素間の関係が示されていない——と指摘して、「木」をモチーフに体系化を試みている（図1）。

　コヴァンがパブリックヒストリーならぬ「パブリックヒス"ツリー"（Public His（tree））」と名付けたこの「木」では、パブリックヒストリーが「根」「幹」「枝」「葉」という4つの部分に分けて描かれている。すなわち、「根」は史資料の収集保存と管理を行い、その「根」からつながる「幹」は史資料の分析と解釈を意味する。「枝」は「幹」での解釈を専門家・非専門家を問わず多くの受け手に伝えるためのコミュニケーションを表現し、「葉」は歴史の利用と応用を表すとされている[7]。

　「木」の全体像を見ると、まず「枝」と「葉」の広がりが注目されるだろう。パブリックヒストリーにおいては、解釈の発信や提供のあり方は実に多様だからだ。歴史研究の専門書や雑誌論文での成果発信はもちろん、例えば、同人誌を含むマンガやゲーム、映画、テレビ番組、ラジオ、そしてインターネッ

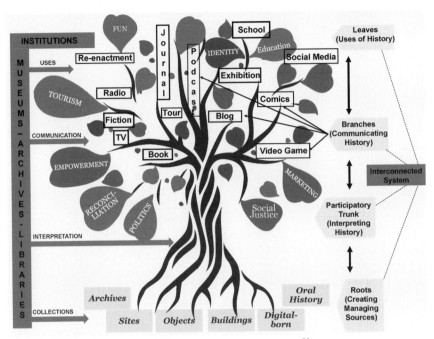

図1　コヴァンによる「パブリックヒス"ツリー"」(Public His (tree))[8]

トでの動画やポッドキャストでの配信等もこれに含まれる。いわゆる媒体と
してのマスメディアやインターネットメディアだけでなく、博物館等での歴
史研究者が監修する展示活動や学校教育もこれに入るし、遺跡や歴史公園で
の現物保存とそのための活動なども挙げられる。また、「木」の左上にある
「リエナクトメント（"Re-enactment"）」はあまり聞きなれないが、歴史的な戦
争や出来事を参加者で再現するイベントとして、欧米では盛んに行われてい
るものである（図2）。ただし、注意したいのは、これらの実践がパブリック
ヒストリーの「枝」として位置づけられるものであっても、それらが手放しで
称賛されているわけではないということである。とりわけリエナクトメント
は歴史学的な検討に付されるというよりも記念顕彰的な行いでもあり、とも
すれば歴史の無批判な礼賛にもつながりうるものとして問題視する研究者も

図2　2011年に行われたウォータールーの戦いのリエナクトメントの様子9)

いる 10)。パブリックヒストリーには様々な歴史実践が含まれているが、それらを歴史学の立場から批判的検証もあわせて行うのが、パブリックヒストリーの営みである。

　ところで、コヴァンはこの「根」「幹」「枝」「葉」を相互に連関したシステムと捉え、そのいずれかが欠けてもパブリックヒストリーは成り立たないと述べている 11)。そして本章にとって重要なのは、このパブリックヒストリーの欠けざる構成要素として、アーカイブの実践が位置づけられていることである。次にこの点を掘り下げていきたい。

2-2　パブリックヒストリーにおけるアーカイブの実践

　パブリックヒストリーにおけるアーカイブの実践を考えるにあたって、コヴァンが著した国際的にも定評があるパブリックヒストリーの教科書『パブリックヒストリー──実践の教科書』を取り上げたい 12)。彼は、パブリックヒストリアンの養成段階に合わせ、同書を3部構成でまとめている。そして、第1部において、パブリックヒストリーの素材となる、文書資料や物質文化

資料、オーラルヒストリー、デジタル資料等といった史資料の作成と維持管理を取り上げている。つまり、前項の「パブリックヒス“ツリー”」の「根」がテーマとなっている。

第1部でコヴァンは「コレクション管理にパブリックヒストリアンは何をもたらしうるのか?」という自らの問いに対し、コレクションへの理解やアクセス管理において歴史学の専門知識を活かすことができると主張する。そして、パブリックヒストリアンがコレクション管理の文脈においてパブリックとの協働を促進させるものとして、彼は「ヒストリーハーベスト(History Harvest)」を紹介している[13]。

ヒストリーハーベストとは、学生主導の教育プログラムを兼ねた、地域の歴史を掘り起こすコミュニティアーカイブの活動である。大学教員と学部学生がチームとなって、地域の博物館あるいは地域住民の自宅に眠っている史料(古い家族写真やモノ資料)をデジタルアーカイブ化するとともに、その史料にまつわる思い出をオーラルヒストリーとして記録する(図3)[14]。2010年にネブラスカ大学リンカーン校の歴史学部が始め、現在はアメリカ国内で広く実施されている。また、国内でも、後述する「コロナアーカイブ@関西大学」や東京文化資源会議での実施例がある[15]。

図3　ネブラスカ大学リンカーン校によるノース・オマハ・ヒストリーハーベストの様子[16]。これは地域の歴史博物館に眠っている写真資料の整理とデジタル化を学生が行っているところ

ヒストリーハーベストは、パブリックヒストリーにおけるアーカイブの実践がもつ2つの特徴を示している。1点目は、パブリックヒストリーの地域性という特徴である。パブリックヒストリーにおける「パブリック」には、ある土地や空間に深く関わりつつ、人種や性別、年齢、職業、所属等の区別される様々な人間集団が措定されている。「パブリック」という言葉によって様々なパブリックの内部を画一化・均質化して捉えられてしまう危険性は指摘されているが[17]、ここで重要なのは、パブリックヒストリーの実践活動を行うなかで、パブリックとの密なコミュニケーションが不可欠であり——だからこそ、コヴァンはパブリックとの協働の文脈でこれを取り上げているのであるが——、そのために往々にして地域というローカルコミュニティを対象にしている／せざるえないということである[18]。パブリックヒストリーの広大な領域にあっては必ずしもパブリックヒストリー＝ローカルヒストリーとはならないが、それでもパブリックヒストリーを実践するうえでは地域性は重要な要素となっている。

　2点目は、パブリックヒストリーが歴史学にとっての史資料の幅を広げたという点である。パブリックヒストリーが史資料として収集する対象は、必ずしも著名な人物の作品や歴史的な出来事の写真というわけではない。むしろ、アーカイブ機関の収集対象からは漏れてきたような、市民自身のファミリーヒストリー（家族史）やオーラルヒストリーにも、そしてそれに付随して、パブリックを表す動画や画像といった視覚資料や音声資料、物質文化の資料等にも、等しく積極的な意味を見出している。コヴァンは、MLAにアーカイブズとして残されている資料が伝統的にエリートの資料であったと指摘し、パブリックヒストリーにおけるアーカイブ実践がこれを批判的に乗り越えていくものであると、その意義を強調している[19]。この背景には、冒頭で述べた「パブリックの中の歴史」を重視する社会史的な姿勢もあるが、同時に、歴史学が伝統的に抱えていた文字資料偏重から、様々なメディアの非文字資料に対する見直しの動きと軌を一にするものであった[20]。

　本節ではパブリックヒストリーの広がりと、そのなかに位置づけられてい

るアーカイブ活動を紹介した。とりわけ、パブリックとともに、パブリック
の中の歴史を発掘するアーカイブ活動は、地域のなかで閉ざされていた様々
な史料を解き放つ活動と評価できる。

　ところで、先に紹介したヒストリーハーベストはデジタルアーカイブ化を
目的とするものであった。そして、この事例に限らず、パブリックヒスト
リーの様々な実践において、デジタルアーカイブをはじめとするデジタル技
術はもはや必要不可欠なものとなっている。デジタル技術を扱うパブリック
ヒストリーは、デジタルパブリックヒストリーと呼ばれ、パブリックヒスト
リーのなかで重要な位置を占めるに至っている。次節では、このデジタルパ
ブリックヒストリーに論点を移し、その方法とそこでの課題を指摘したい。

3　デジタルパブリックヒストリーの論点と実例

3-1　デジタルパブリックヒストリーの論点

　デジタルパブリックヒストリーの論点は、おおむね次の2点に集約される。
1つ目は、史資料のデジタル化とオープン化。2つ目は、インターネットを
通じたパブリックへの発信とパブリックを巻き込むクラウドソーシングとい
う手法である。

3-1-1　デジタルアーカイブとその史資料の特徴

　1つ目の論点である、史資料のデジタル化とオープン化はすでに馴染みの
ある話題であろう。国内においても、デジタルアーカイブによる「『史料』の
開放」が進み[21]、オープンデータ化も進展したことで、パブリックが史料に
触れ、それを活用する機会は(ユーザ側の環境を度外視すれば)確実に広がっ
ていった。また、ヒストリーハーベストのように地域との協働によるデジタ
ルアーカイブも多数の事例がある[22]。デジタルアーカイブはその誕生初期
から地域との協働によって進められてきた経緯があり、デジタルアーカイブ
における地域、そしてパブリックとの協働は決して珍しいものではない。こ

れは日本においても同様である[23]）。

　一方、パブリックヒストリーにはラディカルな思想も背景にある。それは特にアメリカで顕著であり、デジタルパブリックヒストリーの、特にデジタルアーカイブに関わるプロジェクトには、例えばLGBTQの歴史を扱うデジタルアーカイブ"outhistory" や "Preserve the Baltimore Uprising" といった公権力への反対運動を記録するような、「社会的包摂（インクルーシブ）」を目指す社会正義活動という側面をもつものがある（図4）[24]。このような、少なくとも現状においては「公」には回収されにくいセンシティブな資料群も、デジタルパブリックヒストリーにおけるデジタルアーカイブの射程に入っている点には注意が必要である。

図4　Preserve the Baltimore Uprisingに投稿された、ボルティモア市役所前でのデモ活動の様子を写した写真[25]）

3-1-2　インターネットを通じた発信とクラウドソーシング

　デジタルパブリックヒストリーの2つ目の論点は、インターネットでの情報発信やクラウドソーシングという手法である。

　デジタルアーカイブの資料をパブリックへ発信する手法としては、まずWeb展示が考えられる。デジタルアーカイブの公開資料の利用を促進すべく、資料に関する情報を付与して紹介するWeb展示はすでに国内外で幅広

く行われている。また、Web2.0を経て、情報をパブリックに対して一方的に提示するだけでなく、パブリックとの双方向なコミュニケーションにも積極的である。特にSNSの登場によって、情報発信(と受信)のハードルは著しく下がり、それは当然のようにデジタルパブリックヒストリーとしての実践につながった。この文脈において、渡邉らによる白黒写真のカラー化とそれをTwitter(現X)上で発信する「記憶の解凍」の取り組みを挙げることができる。この取り組みでは、「白黒写真がまとう『凍った』過去のイメージを、AI技術で『溶かし』、ソーシャルメディアを用いて"フロー"化する」ことで(図5)、「断絶された過去と現在が、地続きになるように」感じるものとなって

図5 「記憶の解凍」の投稿の一例[26]

いる[27]。さらに、この取り組みの派生形として、カラー化写真を使い広島の被爆者と若者(高校生)とのコミュニケーションを創発することにも成功しているという。SNSを通じたパブリックとの協働の好例と言える。

　また、パブリックを巻き込むための方法として常に言及されるのが、クラウドソーシング(crowdsourcing)という手法である。これは、デジタルパブリックヒストリーの文脈で言えば、デジタルデータの収集や、メタデータの付与や修正、テキストデータの作成等のデータ整備を目的に、ウェブ上で多数のユーザを募って行われるものである。もちろんこの「作業」を通じて、パブリックに史料に親しんでもらったり、あるいは、史料の読み方や扱い方を学んでもらったりするという目的もある。クラウドソーシングを採用した取り組みは多いが、その代表例が18〜19世紀の法学者にして哲学者でもあったベンサム(Jeremy Bentham)の膨大な手稿資料を翻刻する "Transcribe Bentham" と、19世紀以降のアメリカ海軍等の航海記録から過去の気象情報を翻刻、抽出する "Old Weather" である。図6に見られるように、デジタル化資料を見ながらテキストを読み取り、それを参加者が入力する共同翻刻が、クラウドソーシングでは最も一般的なスタイルである[28]。国内では地震史

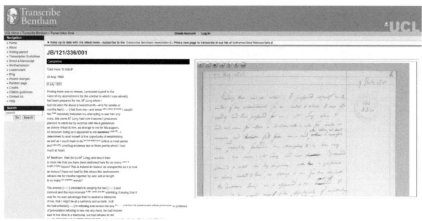

図6　「Transcribe Benthamの翻刻の様子[31]

料の翻刻を中心にスタートし、現在は様々な資料の翻刻プラットフォームとして成長した「みんなで翻刻」[29] がよく知られている。このようにクラウドソーシングは、パブリックに対し、パブリックとともに歴史実践するための効果的な方法として高く評価されている[30]。

3-2　実例としてのコロナアーカイブ@関西大とそこで得られた課題と教訓

　前項で取り上げた事例は、デジタルパブリックヒストリーの成功例の一部に過ぎない。そして、もちろん、前項で挙げた仕組みや方法を使えば、デジタルパブリックヒストリーの取り組みとして成功するというわけでもない。ここからは、筆者らが行った「コロナアーカイブ@関西大学」の実例から、デジタルパブリックヒストリーを実践するうえでの課題と教訓を示したい。

3-2-1　コロナアーカイブ@関西大学におけるデジタルパブリックヒストリーの実践

　コロナアーカイブ@関西大学とは、新型コロナウイルス感染症（COVID-19）の流行にかかわる記録と記憶の収集を目的としたデジタルアーカイブプロジェクトである[32]。2020年4月17日に運用を開始し、2022年3月末をもって運用を終了した。

　コロナアーカイブ@関西大学は、パブリックからの投稿によって資料を収集する、クラウドソーシングの手法を採用したコミュニティアーカイブである。収集した資料は、投稿者自身がパンデミックの史料として将来のために残したいと感じたもの、例えば街や大学の風景、その時の自分の思いをつづったメモ等といった、いわゆるエゴ・ドキュメントが主であった。この資料は、「私」的領域から発しつつも「民と人々の公共」へと役立つ（と投稿者自身が考えた）ものであり、『民や人々の公共』による（by the public）『民や人々の公共』のための（for the public）デジタルなアーカイブ資料、すなわち、「デジタル公共文書」と捉えることができる。

　投稿された資料は、管理者である筆者が確認したのち、投稿者自身が公

開を希望するものであれば公開を、そうでなければ非公開とした。（ただし、個人情報が含まれる内容であれば、公開希望の資料でも非公開にしていた）。また、投稿資料には、クリエイティブコモンズライセンス「表示 - 非営利 4.0 国際（CC BY-NC 4.0）」を採用し、オープンデータ化にも対応していた。COVID-19 という感染症の特徴上、対面での資料収集ができなかったので、広報や投稿の呼びかけはもっぱら SNS を通じて行った。

　史資料のオープン化、SNS を通じた発信、クラウドソーシングという前項で紹介した内容は全て網羅しているが、さらに投稿を喚起するために、参加対象と収集対象を絞った 3 種類のクラウドソーシングのイベントも実施した。1 つ目は、Archivathon（アーカイバソン）というイベントである。これは、Wikipedia の Editathon に倣い、Archive と Marathon を掛け合わせて作った造語で、参加対象者を MLA 関係者のみに限定した資料投稿イベントであった。MLA によるコロナ関係資料の収集の機運を高めることもねらいとしたが、2 回実施し、2 回とも 10 人前後の参加者しか得られなかった。2 つ目はヒストリーハーベストである。COVID-19 のパンデミックは、その当初から、約 100 年前のスペインインフルエンザと比較されることが多いものであったため、家庭に眠っているスペインインフルエンザに関する資料を持参してもらい、それをデジタルアーカイブ化するイベントとして企画した。しかし、このヒストリーハーベストのイベントは 2 回とも参加者がゼロだった。3 つ目は「記憶の投稿」である。これはオーラルヒストリーの代替として行った企画で、ユーザに Google フォームを通じてテキストで記入してもらいそれを収集する歴史実践である。学生に調査協力金を支払うこととしたため、回答対象を学内関係者に限定して実施した。その結果、約 150 件の回答を得ることができたものの、調査協力金の支払期間が終わると、それ以上の回答は得られなかった。

3-2-2　コロナアーカイブ@関西大学の課題と教訓

　コロナアーカイブ@関西大学のプロジェクトの課題は多数あるが、なによ

り投稿資料の少なさを指摘できる。2022年2月の段階で、投稿件数は非公開をあわせてもわずか350件程度であり、他国の類似の「コロナアーカイブ」と比較しても圧倒的に少ない資料点数であった。このことが示すのは、単純にパブリックとの連携の不備である。プロジェクト進行中は、コロナアーカイブ@関西大学の意義に賛意を示す方も多くいたが(そしてその方々には感謝申し上げたい)、そのこととプロジェクトの成否はイコールではない。デジタルパブリックヒストリーの成否を分けるのは、当然のことではあるが、実践に積極的に参加してくれるパブリックとの関係をいかに構築するかにかかっていると感じた。これが1つ目の教訓である。

　2つ目は、史料に対するパブリック自身の認識から得られた教訓である。コロナアーカイブ@関西大学に寄せられた「記憶の投稿」から、投稿者がコロナアーカイブ@関西大学の収集対象であるエゴ・ドキュメントをどのように捉えているかを分析した結果、「記憶の投稿」の歴史学的意義を理解している投稿者は少数ということが明らかとなった[33]。つまり、パブリックとの間で、「史料とはなにか、それにどのような意義があるのか」というアーカイブ活動の前提に関する意識の共有ができていなかったことを意味する。デジタルパブリックヒストリーを実践する立場にとっては「当たり前」であったことが、パブリックにとっては「当たり前」ではなかった。その事実から、誰が見ても重要な文化財だけでなく、記憶やエフェメラ、エゴ・ドキュメントといったパブリックのなかの資料も、歴史学上重要な史料となりうるものであるということを、デジタルパブリックヒストリーの実践では積極的に発信する必要があるという教訓を得ることができた。

　以上の考察をもとに、最後にパブリックヒストリーと「デジタル公共文書」の橋渡しをすることで、章を終えたい。

4 パブリックヒストリーと「デジタル公共文書」の橋渡し

4-1 パブリックヒストリーはデジタルアーカイブ業界にとって無縁ではない

　パブリックヒストリーは歴史学の古くも新しい動向ではあるが、デジタルアーカイブを担うMLAにとっても無関係ではない。史料を集め管理し、保管するというアーカイブというMLAが日常的に行う実践は、パブリックヒストリーに組み込まれているものであり、コヴァンが描いた「パブリックヒス"ツリー"」にあるように、MLAは「根」だけでなく「幹」「枝」「葉」のあらゆる場面でパブリックヒストリーに主体的に関わる存在と位置づけられている（図1参照）[34], [35]。このことは特にアメリカにおいてパブリックヒストリアンの就職先のひとつとしてMLAがあるからという職業事情もあるが、パブリックヒストリーをMLAひいてはデジタルアーカイブ業界の「外」の話題としてのみ捉えるのは、「デジタル公共文書」に向かう際には「もったいない」と言わざるを得ない。

　それというのも、パブリックヒストリーにおけるアーカイブ実践には、「デジタル公共文書」という「民や人々の公共」のアーカイブ資料が含まれているからである。したがって、これから「デジタル公共文書」へ取り組もうとするMLAにとって、（デジタル）パブリックヒストリーは現状ではあいまいな「デジタル公共文書」に輪郭を与えるものであり、また、パブリックヒストリアンは、「デジタル公共文書」の意義を感じ、それを残す活動を行ってくれる有力な協力者とみなすことができる。「デジタル公共文書」のアーカイブを行うパブリックヒストリーは、MLAにとっては学ぶに足る動向と言える。

4-2 デジタルパブリックヒストリーがデジタルアーカイブへ期待したいこと

　それでは、デジタルアーカイブを担うMLAが、「デジタル公共文書」のアーカイブに取り組む際には、デジタルパブリックヒストリーから何が求め

られることになるだろうか。もちろんそれはデジタルアーカイブの実務では
あるのだが、その他にもいくつかの期待が寄せられることになる。

　1つ目は、パブリックとの協働関係の構築支援である。（デジタル）パブ
リックヒストリーの実践にあたってはパブリックとの関係は欠かせないが、
コロナアーカイブ＠関西大学の教訓が示すように、その協働関係を確立させ
るのには大きな困難が伴う。そこで地域に根差した活動実績がすでに積みあ
がっているMLAには、地域連携の「つなぎ役」としての役割が期待されるこ
とになるだろう。

　2つ目は、MLAがパブリックヒストリーを通じて「デジタル公共文書」へ取
り組む場合は、地域資料を再定義する必要が生じる。パブリックヒストリー
における地域性という特徴から、MLAは「デジタル公共文書」を地域資料と
して位置づけることが予想される。しかし、すでに述べたように、パブリッ
クヒストリーにはラディカルな運動としての側面もあるため、これまでの地
域資料というカテゴリーには位置づけがたい、例えば、仕事や趣味の集まり
のような「私」的グループとの境界があいまいな資料、あるいは、「公」的な機
関が所蔵するには「不適切」とされるような資料も対象として入ってくる。こ
れは、「デジタル公共文書」が、公でも私でもない、公―公共―私という相関
関係に位置づけられるものであるという定義から当然ありうる事態である。
さらに、ここにデジタルという要素が加わると、より複雑になる。従来、地
域資料は郷土資料とも呼ばれ、ローカルにのみ流通した紙媒体資料群のイ
メージが色濃く残っている。紙媒体であればデジタル化することで「デジタル
公共文書」として扱うこともできるが、ボーンデジタルな「デジタル公共文
書」の場合はどのような扱いが可能だろうか。パブリックヒストリーの実践
のなかで、デジタルアーカイブを担うMLAがただこれまでの実務の延長を
こなせばよいというのではない。「公」でも「私」でもない「公共」に関わる、そ
して場合によってはボーンデジタルなアーカイブ資料という存在を捉え、か
つ、それを地域資料として扱うために、「地域資料とは何か」と改めて考えな
おす必要がある。

最後に3つ目は、上記の2つを踏まえ、コロナアーカイブ@関西大学の教訓が示すように、「デジタル公共文書」というアーカイブ資料に対するパブリック自身の認識もまた変えていく必要がある。いわゆる公文書や博物館の資料だけではなく、パブリックのなかにも史料はあり、それらは収集し、伝えていく価値があるものだということを、パブリック自身に対しても発信する。それを担うのは歴史研究者や（デジタル）パブリックヒストリアンはもちろんだが、アーカイブ主体としてのMLAにも強く求められる。「デジタル公共文書」の意義をパブリックとともに共有することが、「デジタル公共文書」を「デジタル公共文書」として存立させ、その史資料を未来へとつなぐことになるだろう。

5　おわりに

　本章では、パブリックヒストリーという歴史学の動向を取り上げ、それがデジタルアーカイブを担うMLAと密接に関わるものであることを述べた。また、デジタルパブリックヒストリーにはデジタルアーカイブとそのデータを使った発信や、パブリックを巻き込むクラウドソーシングが重視されていることも事例とともに紹介した。次いで、コロナアーカイブ@関西大学でのデジタルパブリックヒストリーの実践経験から、パブリックとの協働関係の構築の難しさ、そして、パブリックとの間でパブリックのなかの史料の意義の共有ができていないという課題を指摘した。最後に、デジタルアーカイブを担うMLAにとっては、（デジタル）パブリックヒストリーは積極的に連携し、その動向を摂取する対象であること、しかし、それが成った暁には、「デジタル公共文書」が収められることになるであろう地域資料というカテゴリーを再検討し、「デジタル公共文書」の意義をパブリックへと発信していく必要があると指摘した。

　MLAをはじめとするデジタルアーカイブ業界には、（デジタル）パブリックヒストリーから大きな期待が寄せられている。本章がその橋渡しの一助と

なることを願いつつ、筆を擱きたい。

注
1)　パブリックヒストリー研究会(https://public-history9.webnode.jp/)(最終アクセス：2022年2月22日)
2)　岡本充弘(2020)「パブリックヒストリー研究序論」『東洋大学人間科学総合研究所紀要』22, 67.
3)　菅豊(2019)「パブリック・ヒストリーとはなにか？」『パブリック・ヒストリー入門』菅豊・北條勝貴編, 勉誠出版, 8. なお, 傍点は原文ママである。
4)　前掲注(3)
5)　例えば、山脇直司(2004)『公共哲学とは何か』(ちくま新書), 筑摩書房.
6)　Dean, D. (2022) Publics, Public Historians and Participatory Public History. *Public in Public History (Global Perspectives on Public History),* Eds. Wojdon, J., Wiśniewska, D., Taylor and Francis, 1-17 (Kindle版).
7)　Cauvin, T. (2021) New Field, Old Practices: Promises and Challenges of Public History, magazén, 2(1), 22-23(http://doi.org/10.30687/mag/2724-3923/2021/03/001)(最終アクセス：2022年2月21日).
8)　前掲注(7), 23. なお, 本文引用図の初出は2019年。
9)　Myrabella. (2011) In the 2011 recreation, footsoldiers fire guns. *Wikimedia.* (https://en.wikipedia.org/wiki/File:Bataille_Waterloo_1815_reconstitution_2011_3.jpg)(最終アクセス：2022年2月22日). なお, ライセンスはCC-BY-SAである。
10)　Cauvin, T. (2016) *Public History: A Textbook of Practice*, Routledge, 193.
11)　前掲注(7), 22.
12)　前掲注(10)
13)　前掲注(10), 41-49.
14)　Thomas, W. G., Jones, P. D., Witmer, A. (2013) History Harvests: What happens when students collect and digitize the people's history?. *Perspectives on History*, 51(1) (https://www.historians.org/publications-and-directories/perspectives-on-history/january-2013/history-harvests)(最終アクセス：2022年2月22日)
15)　菊池信彦・内田慶市・岡田忠克・林武文・藤田高夫・二ノ宮聡・宮川創(2021)「デジタルパブリックヒストリーの実践としての「コロナアーカイブ＠関西大学」『デジタルアーカイブ学会誌』5(1), 32-37.(https://doi.org/10.24506/jsda.5.1_32)(最終アクセス：2022年2月22日)

中村覚・宮本隆史・片桐由希子（2020）「コミュニティ・アーカイブの方法論の構築に向けて：千代田区におけるデジタルアーカイブ・ワークショップの事例より」『デジタルアーカイブ学会誌』4(2), 109-112.(https://doi.org/10.24506/jsda.4.2_109)（最終アクセス：2022年2月22日）

ただし、後者のプロジェクトはヒストリーハーベストではなく、オクスフォード大学による第一次世界大戦史料を対象に行った同種のコミュニティアーカイブの事例を参考にしているという。

16)　前掲注(14)

17)　Sayer, F. (2019) *Public History: A Practical Guide*. 2nd Edition, Bloomsbury Academic, 6.

18)　蛭田廣一編(2021)『地域資料のアーカイブ戦略』日本図書館協会, 140-142.

19)　前掲注(10), 45.

20)　同上。

21)　前掲注(3), 36.

22)　全米パブリックヒストリー協議会(National Council Public History)から2021年のベストブックアワードを与えられた『デジタルコミュニティエンゲージメント——コミュニティとアカデミーとの協働』は、「コミュニティのためのものではなく、コミュニティとともに行う」9つのデジタルパブリックヒストリープロジェクトのケーススタディを収録したもので、もちろんこの中にはヒストリーハーベストの実践例も3件含まれている。Wingo, Rebecca. Heppler, Jason. Schadewald, Paul. (2020) *Digital Community Engagement: Partnering Communities with the Academy*, University of Cincinnati Press, 23 (Kindle版)

23)　前掲注(18)

24)　Brennan, S. A., Digital History. (2019) The Inclusive Historian's Handbook（https://inclusivehistorian.com/?s=digital）（最終アクセス：2022年2月22日）

25)　"IMG_2914.jpg". Preserve the Baltimore Uprising（https://baltimoreuprising2015.org/items/show/1522）（最終アクセス：2023年6月23日）

26)　口絵6.『パブリック・ヒストリー入門』菅豊・北條勝貴編, 勉誠出版.
　　「記憶の解凍」の成果には例えば以下がある。
　　庭田杏珠・渡邉英徳(2020)『AIとカラー化した写真でよみがえる戦前・戦争』光文社新書.

27)　渡邉英徳(2019)「『記憶の解凍』——資料の"フロー化"とコミュニケーションの創発による記憶の継承」『パブリック・ヒストリー入門』菅豊・北條勝貴編, 勉誠出版, 404.

28)　Hedges, M., Dunn, S. (2017) *Academic Crowdsourcing in the Humanities: Crowds,*

Communities and Co-production, Chandos Publishing, 29-33.

29）　みんなで翻刻（https://honkoku.org/）（最終アクセス：2022年2月22日）

30）　Ridge, M. ed. (2017) Crowdsourcing our Cultural Heritage (Digital Research in the Arts and Humanities), Taylor and Francis.

　　　Ridge, M., Blickhan, S., Ferriter, M., Mast, A., Brumfield, B., Wilkins, B., Cybulska, D., Burgher, D., Casey, J., Luther, K., Goldman, M. H., White, N., Willcox, P., Brumfield, S. C., Coleman, S. J., Prytz, Y. B. (2021) *The Collective Wisdom Handbook: Perspectives on Crowdsourcing in Cultural Heritage* (https://britishlibrary.pubpub.org/)（最終アクセス：2022年2月22日）

31）　Transcribe Bentham（http://transcribe-bentham.ucl.ac.uk/td/JB/121/336/001）（最終アクセス：2022年2月22日）

32）　前掲注（15）に挙げた菊池ほか（2021）以外に次の論文もある。

　　　菊池信彦・内田慶市・岡田忠克・林武文・藤田高夫・二ノ宮聡・宮川創（2021）「コロナ禍におけるデジタルパブリックヒストリー──『コロナアーカイブ＠関西大学』の現状と歴史学上の可能性、あるいは課題について」『歴史学研究』1006（1006），23-31.

33）　Kikuchi, N. (2022) "Practices and Challenges of Popularising Digital Public Humanities During the COVID-19 Pandemic in Japan". *The Palgrave Handbook of Digital and Public Humanities*, Eds. Schwan, A., Thomson, T., Palgrave Macmillan.

34）　前掲注（7），25.

35）　MLAによる（デジタル）パブリックヒストリーの実践事例は枚挙にいとまがないが、例えば博物館・美術館による実践を中心に集めたものとして、以下の文献が参考になる。

　　　Adair, B., Benjamin, F., Koloski, L. (2011) *Letting Go? Sharing Historical Authority in a User-Generated World*. The Pew Center for Arts & Heritage.

「デジタル公共文書」の議論と公共の再定義

福島幸宏

1　はじめに

　本書全体の総括の役割を担う本章では、これまでの諸論考をうけつい
で、「デジタル公共文書(digital public document)」という新たな概念にど
のような意義があり、その可能性がどこにあるのかを論じる。

　この議論によって、まず、狭義の公文書のみならず、民間の文書も対
象として、公共的に利活用可能な形で蓄積されるべきドキュメントであ
る「デジタル公共文書」を、利用者(市民、企業人、研究者等)の視点から、
新しい知識や社会生活、産業を生み出す源泉として位置づける。また、
「デジタル公共文書」という新しい考え方は公共概念の再定義を促すこと
になる。本章では、日本における公共圏の歴史的な系譜を呼び出しつつ、
この課題にも言及する。

2　「デジタル公共文書」という提起

2-1　「公共文書」と「公文書」

　まず確認しておきたいことは、本書冒頭の古賀崇「「デジタル公共文

書」をめぐって——いくつかの論点」にもあるように、本章での「公共文書」は、「公文書」とは別の概念であるという点である。古賀は、さしあたりのものとしながら「公共的課題を遡及的に検証するために、長期間にわたる保存と利用（一定の秘匿期間やアクセス制限が不可避なものを含め）が求められる文書」を「公共文書」としている。さらに文書の意味についても「刊行物・データ・情報も含むもの」とした。つまり、アーカイブズの世界で議論され、公文書管理法が対象としている公文書を含み込む、より広範な新しい概念としての「公共文書」を提起しているのである。本章でもこの定義を踏襲しつつ、そのイメージをより豊かにするための議論を行う。

　以下、筆者の視点から、この新しい概念が必要とされた背景を整理する[1]。2011年4月に公文書管理法が施行されてから本章執筆時までの10年あまりは、本来ならこの画期的な制度が社会に根付くための重要な時期であった。しかし、この間、特に2017年1月に自衛隊日報問題が発覚して以降は、森友学園問題、加計学園問題、桜を見る会問題など、公文書は恣意的と言えるほど杜撰に管理されているのだ、ということが改めて明確になった。そして、行政機構は、場合によっては自死者を出しながら、決裁文書の改竄をも辞さないのだ、ということも大きな衝撃を持って認識された。主権者である国民と筆者自身も関係するアーカイブズ界に重大な課題が突きつけられたのである。

　この間のアーカイブズ界は、認証アーキビスト制度の確立に注力した。この制度自体、実質は小規模な組織で運営せざるを得ない各地のアーカイブズの実状に適合的とは言い難いものであった。そしてそこに注力する一方で、デジタル化への対応に大きな遅れをとり、2022年年初に開始された公文書のデジタル化への切り替えの議論に大きなプレゼンスを持つことができなかった。また、その前提となる、どのドキュメントを

〈公文書〉とするかという重要な議論にも敗北している[2]。2017年12月の閣議決定によって、公文書管理を実際に行うための「行政文書の管理に関するガイドライン」が改定され、何を公文書とするのか、という決定は各省庁の課長レベルに任されることになり、公文書管理法の精神は大きく後退した。さらに立法・司法文書をどのように取り扱うかの議論も深まらず、少年裁判資料については2023年になって文書が破棄されていることに大きな注目が集まった。つまり、この10年あまりのアーカイブズ、公文書をめぐる議論には大きな蹉跌があると考える。この状況を打破すべく、「デジタル公共文書」という新しい概念を提起したい。

2-2　新しい概念としての「デジタル公共文書」

　もともと、公文書管理法の構造上、意志決定過程は残りにくいものであった。現状では、公式なメールアドレスでやりとりしたメールであっても、メール単体では公文書の範囲には入らない。その上でなお、日常のやりとりは、音声通話やテキストアプリなどによって行われている状況があるとされる。さらに、デジタル庁を皮切りに現在積極的に導入がすすめられているslack等のワーキングアプリについても、そこに蓄積されたデータの取り扱いは確定していない[3]。そして、これらを利用しながら行われている意志決定過程を、公文書として把握しようという議論が、ようやくはじまったところである。本来は国民共有の財産であるべき、国の司法・立法・行政に関するドキュメントについて、その意志決定過程をも確認できるように把握されなければならない。そして、自治体の議会・役所に関わるドキュメントであっても同様に、幅広く把握され、蓄積されなければならない。

　一方、伝統的な地域組織、NPOなどの新しい市民組織、様々な業種を含む企業組織、寺院や神社等も含み込んだ宗教団体、初等・中等教育

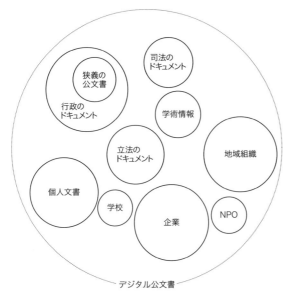

図1 「デジタル公共文書」のイメージ

を担いつつ地域の結節点となっている小中高等学校、さらに大学法人や研究組織なども、これまで公共の一端を担ってきた。そして、現在、経済成長を背景に拡大してきた国や自治体の役割が急速に変化するなかで、これら諸団体は公共を担う存在としてますます重要になってきている。これら諸団体が生み出したドキュメントについても、国・自治体のドキュメントと同じ地平で、公共文書の議論の俎上に上げるべきであろう。また、当然ながら個人文書もその対象となり得る（図1）。

　この対象範囲の設定は、いままでアーカイブズ学が積み上げてきた議論から、かなり飛躍する。しかし、デジタルで情報が扱えることを前提に、さらに第3節で提起する公共の再定義を見通すとすると、必然の議論となるのではないか。また、市民・企業人・研究者等を問わず、デー

タを利活用する立場からの提起でもある。公共文書と言ったときに、もちろんそれぞれのアクターが行った活動を他者が検証する、そしてそれぞれのアクターは自らの判断や行為が正当に行われたことを主張するためにデータを残す、という公文書からイメージされる説明責任の機能がまずは思い浮かぶ。しかし、そこに留まらず、社会活動の結果として生み出された膨大なテキストデータや調査データとしての利活用をより積極的に主張したい。このデータ利活用の視点とそのための環境が整ってこそ、デジタル公共文書は、新しい知識や社会生活、産業を生み出す源泉としての地位を獲得することになる。この必要性は、近年の大規模言語モデルAIの急速な展開によっても裏付けられよう。

3 議論の焦点

3-1 公文書をめぐる議論

　本節では、デジタル公共文書のイメージを提示するために、まずは本書の各論考の議論を整理する。もちろん、各論考の論者には、それぞれ個別のデジタル公共文書イメージが存在する。それを本章の観点からまとめて論じることとなる。そのため、それぞれの論考に内在した精緻なとりまとめとは別の観点になっていることを予め述べておく。また、冒頭の古賀崇の総論については、これまでも言及しており、総論として本章と対となる関係であるので、ここでは触れない。

　まず、瀬畑源による「公文書管理問題と電子文書化のゆくえ」では、「これまでの公文書管理は、その「手段」の改革に重きを置かれ、「意識」を変えることができてこなかった」という問題意識から、占領期から現在までに至る公文書管理の経緯を跡づけている。行政改革の一端としてはじまった公文書管理が、情報公開と関連付けられ、現在は電子文書管

理の時代に入っていくと整理されている。そのなかで電子文書管理の時代になっても、政策決定過程の文書が残されないのではないか、という指摘は、前述した点と重なって重い。一方、瀬畑は例えば元朝日新聞記者で政治ジャーナリストの鮫島浩が主張するような公文書の全量保存の議論には否定的である[4]。個人情報の管理が過大になることとフェイク情報が混入することに留意してのことである。しかし、これこそ瀬畑自身が提起しているように、AIの活用で回避できる課題であろう。また、瀬畑の議論を受け継ぐと、やはりまずは内部システムの中で、安定的にドキュメントを保存できるレジストリの確保が重要となろう。

3-2　団体の資料をどのように考えるか

　つづく加藤諭の「大学の情報をめぐる諸制度と取り組みの展開過程からみる「デジタル公共文書」」においては、大学、特に国立大学に焦点をあて、情報公開の展開過程を概観し、国立大学の公文書管理について現状と課題を整理している。大学史編纂のために情報を集積していた時代から、法人化にともなう大学評価と情報公開に対応することとなり、さらに主要国立大学は公文書管理法に定める「国立公文書館等」の指定を受けることになった。その上に研究情報の公開も求められることになったのが現状、とまとめられている。興味深いのは、大学が採用している各種システムがそれぞれ別の目的で開発されているために、データ連携に課題があると述べられている点であろう。また現用・非現用を通じた電子文書管理を構築できる人材が「決定的に不足している」という点は、先に指摘したアーカイブズ界のデジタル化への未対応、という課題と通底し、全国の公立・大学の公文書館等が抱えている問題でもある。本来は知の集積が的確に行われることが期待されている主要大学においても、現状は厳しい。

山本唯人の「「デジタル公共文書」と民間資料——市民活動資料の視点から」は「「デジタル公共文書」と「市民活動資料」の接点と課題を見た上で、公的セクターと民間セクターのていねいな連携の必要性」を述べている。まずは形成途上としながらも「市民活動資料」という重要な概念の提起が行われ、その上で、公共文書との接点として、「政策決定との関わりという視点から、市民活動の社会的・歴史的意味を捉えなおし、両者の重なる領域について、「知る権利」の対象となる文書の範囲を、一定の基準や手続きを踏まえて、民間資料の一部にまで拡張する意義がある」とする。この観点は、第1節で述べた、デジタル公共文書が公文書と民間資料を含み込むという議論を内実化するために重要なものである。取り扱いや位置づけについて慎重に議論しつつも、公文書と同様に民間資料も情報流通されなければならないのである。

　この加藤論考と山本論考は、団体の資料と情報をめぐるものであった。これに付け加えるとすると、企業が保存する資料と情報をどのように考えるか、という議論があり得る。この点、従来から、企業の博物館や資料館、専門図書館を対象とした企業史料協の活動を中心に議論が積み重ねられてきた。しかし、まだまだ紙や現物資料を対象にした議論に留まっている面が多分にある。この点、保持している資料を、まずはコンテンツや情報として捉えることで、より多様な展開を見据える議論が産業界から起こってきている 5), 6)。

　また、これらの取り組みが展開していくと、組織文書の範囲のあいまいさや、組織文書だけで説明責任を十分に果たせるのか、という古くて新しい課題も浮かび挙がる。政治史研究では、国立国会図書館憲政資料室などが所蔵する政治家の個人資料がなければ十分な研究が出来ないとは、ある意味常識として了解されている。この点は各種団体に関する検討においても同様であろう。例えば初等・中等教育段階の学校資料の

保存活用について活発に活動している学校資料研究会では、「学校に関わる」範囲の資料を学校資料として定義し、学校に関わる個人の資料もその範囲に含めている[7]。さらに宗教団体のアーカイブズに関わる議論、例えば教会アーカイブズに関しても、教会のリーダーの個人記録も当然のようにその対象となっている[8]。社会のために重要な情報を遺す、という観点から考えたとき、公文書とそれに関連するドキュメント類は不可分の関係にある。さらに、集積されたアーカイブズ全体から、ドキュメントのみを切り出しては議論できない。これは個々人がPCやスマートフォンにどのような情報を蓄積しているかを想起し、さらにそこからどのような個人史を構成することが出来るか検討してみれば、すぐに理解できることであろう[9]。

3-3　学術情報をめぐる議論

　林和弘「これからの情報基盤とデジタル公共文書——DX以降の社会に向けて」では、「「デジタル公共文書」という概念の意義と展開の可能性をオープンサイエンスの潮流を踏まえて」展開している。ここではまず、デジタルプラットフォームが適切に構築されることで、情報のストックとフローがシームレスになっていくとされている。その上で、情報技術の進展に応じて知識をよりオープンにしていくというオープンサイエンス政策の基調は、デジタル公共文書の考え方にも示唆をあたえると述べる。そして、市民参加の大きな流れを念頭に、データ作成側、利活用側、仲介人材の課題を指摘し、新たなパートナー関係を構築することを目指すべきと論じる。このパートナー関係の議論は人材論の観点から重要であろう。

　また、順番が前後するが、南山泰之「研究データを公共空間に繋げる——データジャーナルによるデータ共有体制の構築」も、林と同様に、

学術情報をめぐっての、特に研究データの共有に焦点をあてた議論となっている。研究データの公共性に関する評価をめぐっての課題を考察し、より多くの研究データを公共空間につなげていく実践について報告されている。公共性の評価については、特に参照可能性・アクセス可能性が重視されている。また、公共空間への接続については、現在進行形のプロジェクトとしてデータジャーナルによるデータ公開について論じている。デジタル公共文書をどう実現するか、という具体的検討に大いに参考になる。

3-4　歴史学の経験から

　以下では歴史学の経験からの議論を検討する。まず、武田和也による「ウェブアーカイブとオーラルヒストリーデジタルアーカイブ——海外の「デジタル公共文書」の先行事例として」では、ボーンデジタルの情報を重要視する観点とハーバーマスに代表される公共圏に関する議論、意志決定過程の検証等のためのオーラルヒストリーの重要性を念頭に、課題が設定されている。その上で、海外の事例から、政治行動に影響をあたえうるインターネット上の情報がウェブアーカイブにおいてどのように扱われているか、また、メインストリームの公共圏から排除されてきた社会集団が、対抗的な公共圏をどのように構築しているかを検討している。さらにウェブアーカイブやオーラルヒストリーデジタルアーカイブを「デジタル公共文書」と位置づける要件について検討している。結論としては連携・協力のためのプラットフォーム構築と、なによりも何を「デジタル公共文書」として記録・収集・保存すべきか、という関係職員の能力が重要と指摘している。この点、前述の林の議論とも響きあう。

　最後に位置する菊池信彦「パブリックヒストリーから考える「デジタル公共文書」」もこの武田論考と重なる部分がある。「歴史学の営みとその

成果を様々なメディアを通じてパブリックに開くことであると同時に、歴史学者が多様な人びとの間で水平的な関係を構築しながら、歴史学を実践すること」であるパブリックヒストリーの観点から、MLAの動向などを整理し、「デジタル公共文書」との架橋を試みている。デジタルパブリックヒストリーでは、史資料のオープン化とパブリックを巻き込むクラウドソーシングに注視している。その中で、協働関係構築の難しさの指摘があることは貴重であろう。そしてMLAがデジタル公共文書を扱える機関となることへの期待が述べられている。

　以上、本書の各章について、補足も交えつつ概説した。公文書管理の現状と電子化、団体が管理する情報と資料の行方、学術情報取り扱いの課題、歴史学での新しい議論など、第1節で示そうとしたデジタル公共文書のイメージと論点が、各論考の観点から深まり、より豊かになったのではないか。議論を尽くすべき点はまだ多くあるが、検討のための環境は整ってきている。

4　公共の再定義

　デジタル公共文書は形成途上の新しい概念である。それだけに、いくつかの場で議論してみたとき、本章冒頭で述べたような公文書との関係性をはじめとして、議論の展開が難しい点があった。この困難は、「デジタル公共文書」を提起することで、この社会の見え方や構造にどのようにインパクトをあたえられるかが、十分に提示できなかったことに起因すると考える。そのため、本節ではこれまでの議論を引き継ぎつつ、公共の再定義という課題を立てて論じたい。「デジタル公共文書」を論じるということは、公共とは何かを考えることである。

4-1　デジタル技術と公共性の議論

　まずは、デジタル技術との関係で、公共性がどのように議論されて
きたか、政府の動向を念頭にこの10年の短いスパンに注目してまとめ
てみたい（本節については、東健二郎氏（一般社団法人コード・フォー・
ジャパン、滋賀県日野町参与）との議論から大きな示唆を受けた）。瀬
畑論考でも触れられ、また第1節でも述べたように、公文書管理委員会
のデジタルワーキング・グループ報告書「デジタル時代の公文書管理に
ついて」（2021年7月）と閣議決定された「デジタル社会の実現に向けた重
点計画」（2021年12月）を受けて改定された、公文書管理法施行令とガイ
ドライン、公文書管理課長通達によって、2022年年初に公文書管理は
デジタル化された。それと並行するような形で、政府保有データの公開
についても議論は一定程度前進し、2017年に定められた「政府標準利用
規約2.0」や2019年の「オープンデータ基本指針」などがその基本の方針
となっている。本書の各所で触れられているように、政府保有情報の公
共性は、オープンデータの動向のなかで少しずつでも担保されるように
なってきた。

　しかし、オープンデータの動向を系譜的に検討したとき、課題も浮
かび挙がる。2010年代前半のオープンデータ1.0の段階では、先行して
オープンガバメントの動向が注目されたこともあり、データを公開し、
公共のものとしていこう、という意識が強かった。その結実が、2014
年から本格運用された、政府のデータカタログサイトDATA.GO.JPで
あろう。しかし、2010年代後半からのオープンデータ2.0の段階では、
データ利活用や地域課題解決（＝オープンガバナンス）にその焦点が移る。
「国民参加・官民協働の推進を通じた諸課題の解決、経済活性化が第一
に掲げられており、行政の透明化といった観点よりも国民・企業による
公共サービスの提供や新ビジネス・サービスの創出といったことに重点

が置かれるようになってきている」という指摘もある[10]。これは、これまで行政が公開したデータについて、発見可能性の低さ、アクセス方法のわかりにくさ、データ連携の不十分さが重なり、その利活用が難しかったことが要因でもあろう。そのなかで、デジタル庁が提出している「準公共」概念はより注目されてよい[11]。これは「生活に密接に関連し国による関与が大きく他の民間分野への波及効果が大きい」健康・医療・介護、教育、こども、防災、モビリティ、農業・水産業・食関連産業、港湾、インフラを準公共分野と定めて、データの連携と活用のための整備に取り組むとしているのである。これに文化や文化資源が加われば、デジタル公共文書がターゲットとしている情報群と重なりあう。

　この議論やユーザー視点のサービスデザインの観点を下敷きに、先述したオープンデータ1.0段階の公開性や透明性を確保することを再度強調することで、「デジタル公共文書」の議論と接続可能であろう。これは、政府情報を共有する公共圏があらたに形成されてきていると位置づけることも可能であろう。

4-2　近世文書論から考える公共の再定義

　情報の共有と公共圏の関係はこれまでも様々に議論されている。そしてこの両者は列島の歴史においても密接に関係してきた。

　近世の小領主と相給村が輻輳する近畿圏の村落を対象に研究をすすめてきた水本邦彦は、海運・海難をテーマにした幕府の触書(指示書)である「浦触」について、全国の海浜を対象に精力的に検討した[12]。その結果として、他の指示・命令系統と異なり、幕府－各領主－村々という系統ではなく、特に17世紀後半以降、幕府－浦々・海辺付き村々という系統で浦触が回付されることを発見した(図2)。

　幕府の触書は一度浦々の村に渡されると、藩領や国境を貫通する形で

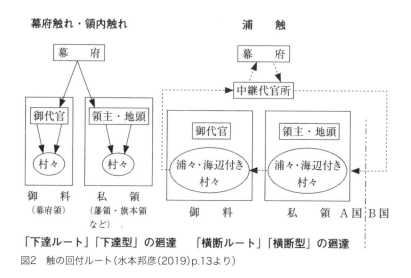

幕府触れ・領内触れ　　　　　　　　浦　　触

幕　府

御代官　　　領主・地頭

村々　　　村々

御　料　　　私　領
（幕府領）　（藩領・旗本領
　　　　　　など）

幕　府

中継代官所

御代官　　　　　　領主・地頭

浦々・海辺付き　　　浦々・海辺付き
村々　　　　　　　　村々

御　料　　　　私　　領　A国 B国

「下達ルート」「下達型」の廻達　　「横断ルート」「横断型」の廻達

図2　触の回付ルート（水本邦彦(2019)p.13より）

列島の浦々を回付されていく。受け取った浦は、その触書を「浦触留」などと呼ばれる帳面に書写して随時参照できる記録としてとどめ、触書自体には受取の署名を加えて次の浦に送っていく。近世後半に出される幕府勘定所触は、全国を7ブロックに分けて、まさに津々浦々にまで回付されていたという。その際には対象の浦がどの領主の支配にあるか、もしくは幕府の直轄領であるかに関係なく回付されるのである。

　この研究は、近世国家が海域や境界をどのように統制するか、という観点からも興味深いが、ここでは、公共文書論の観点から読み直してみたい。すなわち、「浦触」は支配に関わらず回付され、そしてそれを写した「浦触留」の形で浦々に同じ情報が集積されていくのである。これは、本書の武田の議論を参照すると、「浦触」が回付される浦々が新しい公共圏を形成した、と位置づけられる。浦々に保存されている「浦触留」に保持されている過去の情報を共有しつつ、新たにやってくる「浦触」に対処

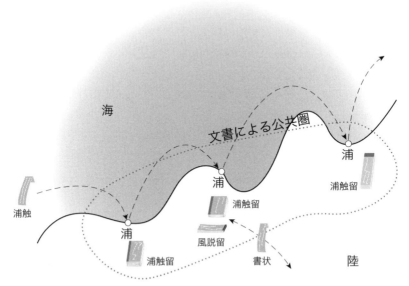

図3　文書（触や留）による公共圏の形成

するのである。浦々は、「浦触留」「浦触」という共通の情報基盤を持ちつ
つ、海運の確保や海難、さらには海防という共通の課題に立ち向かうの
である。ここに、列島の浦々の結合という、新しい公共圏が立ち上がっ
てくるのである（図3）。

　近世期において、文書の共有範囲から公共圏が立ち上がってくる、と
いう議論は、社会史的研究や政治過程論を位置づけ直すことからも指摘
できる。近世後半から幕末期にかけて、豪農や知識人層を中心とした在
地社会の上層が、海外の状況も含めた政治・社会・文化等に関わる情報
を収集、記録、回覧するようになる。彼ら自身が社会的経済的な実力を
つけたためでもある一方で、幕藩体制の綻びを感じ取っていたからであ

る。これらの資料は一般には「風説留」と呼ばれ、一つの研究領域を形作っている。「浦触留」とは異なり、その情報源は、頻繁かつ長文でやりとりされる書簡、自身の経験、噂話、幕府や各領主からの指示書などから構成される。そのため、それぞれの豪農や知識人が作成した「風説留」にはもちろん大きな差違がある。しかし、この風説留研究の端緒を作った宮地正人は、これらの情報集積の過程で社会課題に対する認識の共有化が生じ、これが幕末変革の下地になったという構図を描き出す[13]。風説は重層的に蓄積されることで、一種の世論を形成していくのである。この観点は幕臣を中心とした政治過程を検討している奈良勝司の研究の位置づけなおしにも適用できると考える。奈良は、幕臣の知識水準や情報収集能力を高く評価しつつ、その合理的思考のなかでの公議概念の再検討を行っている。その検討の前提として幕臣間や各藩の「有為のもの」に共通の情報基盤が生まれていくことを指摘している[14]。宮地においては社会史的研究、奈良においては政治過程論として位置づけられるが、ここにも公共圏の形成を見ることができよう。また、畿内農村が綿花などをはじめとする商品作物の流通をめぐって、大坂商人に対する抵抗のために結成した郡単位での郷村連合も、その基盤に「村留」などの文書を共有することによる結合があることが指摘できる[15]。

　つまり、近世社会においては、各種の「留」に代表されるような文書と、そこに蓄積された情報を共有する範囲で、それぞれに公共圏が成立していたと言えよう。

4-3　デジタル公共文書と新しい公共の実現のために

　歴史研究者のアイデンティティであり、一種の守備範囲である時期区分を軽々と超えて、この列島の歴史を通時的に検討している東島誠は、以前から「江湖」概念の重要性を提起している[16]。東島は、「《読書する

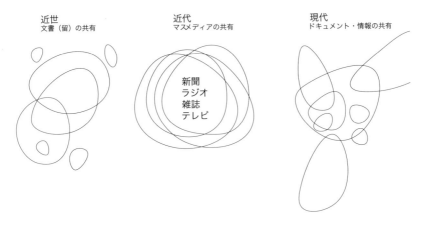

近世
文書（留）の共有

近代
マスメディアの共有

新聞
ラジオ
雑誌
テレビ

現代
ドキュメント・情報の共有

図4　「公共圏」の変遷

公衆Lesepublikum》としての「江湖諸賢」、《公共圏》としての「江湖」の概念」と「江湖」の意味を規定し、明治期に論説誌や新聞で使われていた「江湖」という言葉に、新たな意味を付加した。東島によれば、その端緒は中世禅林文化圏にまで遡るという。本章ではこの公共圏を文書の共有から考えようとした。この公共圏は、近代に入ると、創造された国語と活版印刷を武器にした新聞や雑誌によって新たに形成されることになる。そして20世紀に入ると、ラジオ・映画・テレビが加わるマスメディアによって、西洋諸国を中心に、公共圏と国家の重なりは自明なものとなっていく（図4）。

　そして、現段階では改めて指摘するまでもなくマスメディアの時代は変質、あるいは終焉しつつある。ここで、新たに問題に対処するための公共圏の形成が重要になってくる。デジタル公共文書を共有し利活用するなかで、これまでの国家や地域、社会集団の範囲を超えて、新しい公共圏が同時並列で成立するのではないだろうか。

もちろんこの状況が、排他的な情報空間を並列させ、フィルターバブルを再生産することに繋がっては意味がない。重層的な公共圏の多くを横断的に結びつける、より大きな公共圏を措定することが構想されなければならない。この、より大きな公共圏を措定する手がかりとして、本書で古賀が提起している「追悼・祈念」という問題が改めて重視されてよい。古賀は、私的な記録などを広範に共有する合意を得やすい情報として、「追悼・祈念」のよすがとなる災害や事件をめぐるアーカイブを挙げている。日本においては、戦災をめぐるアーカイブや、東日本大震災をはじめとする地震のアーカイブが身近であろう。そして2020年からのコロナ禍の記憶も、人類の経験として何らかの形で広く共有されなければならない。それによって、大きな公共圏が形成される端緒となろう。その大規模な公共圏との緊張関係の中で、それぞれの公共圏が自転していくことになる。

　これまで、近世段階における文書と「留」による公共圏、近代におけるマスメディアによる公共圏、そしてデジタル公共文書の可能性、という変遷を素描してきた。以下では、これまで述べた議論を前提に、デジタル公共文書と新しい公共の実現のためになにが必要かを述べる。まずは、根幹となる資料・データを捨てないということが重要になる。先にも触れたが裁判所関係資料の状況が改めて明らかになった衝撃は大きかった。民事裁判資料保存の議論から30年が経過し、公文書関係の法制度が整ってきても、残されたドキュメントに狭義の関係者が価値を見いだされなければ、文書の保存期限を迎えれば、あるいは迎えなくても放擲されてしまう。「文書の保存期限」という考え方が、この場合大きなネックとなっている。

　従来、主に公文書は文書の内容を主に判断して選別を行ってきた。これは民間資料をMLAが収蔵する際にも、資料群のなかでの取捨選択は

行わないことを原則としつつも、その資料群自体を収蔵対象とするのか、という大本のところで、歴史学的価値、美的価値、宗教的価値などと収蔵スペースの兼ね合いをもとに、実は厳しい選別を行ってきた。この点は、実は公文書における選別論も、それぞれの公文書の価値に着目し、一方で収蔵スペースと兼ね合わせて選別する、という点では同様であった。しかし、この選別という行為は収蔵スペースという物理的限界が大きな前提となって許容されてきたことを想起する必要がある[17]。収蔵スペースという物理的制約から解放された現在、まずは、デジタルで残せるドキュメントは極力残していくという姿勢で、収集論は再構築されるべきであろう。

　その上で、収集されたドキュメントの存在が〈告知／周知／共有〉され、「デジタル公共文書」として示すことによって、利活用の保障を行うことが重要となろう。その際、特定のシステムに情報が集約できれば、永続的なアクセス保障をも見通した、よりよい管理が可能となる。また、ダークアーカイブを許容し、万一に秘匿や廃棄の必要が出た場合にもメタデータを保存するという条件整備も重要となろう。

5　おわりに

　この「デジタル公共文書」を適切に管理運営していくためには、利害関係者と非利害関係者による相互監視の仕組みを、専門職が介在することで構築することが重要となる。特定の仕組みに集約したとしても、その運営の透明性は確保されなければならないからである。一方で、仕組みを検討すれば検討するほど、人的・資金的なリソースの問題が深刻になる。もちろん全体のパイを増やす議論は必要である。しかし、重要な要素を残すため、情報の扱い方自体を転換するという発想もどこかの段階

で浮上するだろう。集約できるところは集約し、省略できるところは省略していくしかない。

　おそらく、長期間に渡って形成されてきた、パッケージと機能分担という2つの呪縛から、社会が解放される必要がある。例えば、図書館のコレクション論では「流通図書をその中核として、逐次刊行物、行政刊行物、マイクロフィルム、視聴覚資料、パッケージ系電子出版物、視覚障害者用資料など、まさに図書館活動の収集・整理・保存・提供の対象となる資料群を、多くの場合コレクションと呼んでいる」[18]という説明が一般的である。いわゆるパッケージメディアの集積が図書館におけるコレクションなのである。しかし、ユニークな文化資源をどのようにコレクションとするかという観点からは、例えば自治体のウェブサイトなどで発信される、地域の状況がわかるボーンデジタルのデータ、さらに人流や気象のデータなどのパッケージ化され得ないデジタルリソースこそ検討の対象となっていく。このパッケージ化され得ないデジタルリソースの検討とともに、すでにパッケージ化されている情報をパッケージから分離して扱いやすい形で保持する、という方向も同時に考えられるだろう。

　また、近代において、博物館・図書館・公文書館(MLA)は一度機能分化した。しかしMLAをまたいだコレクションの保存と組織化の重要性については、以前からも指摘がある[19]。本章の観点から言うと、利活用者の視点から捉え直すことで、先に指摘したボーンデジタルのデータなど、重要な資料や情報が抜け落ちないような活動が求められる。MLAそれぞれでの役割分担と同時に、その機能融合がより求められているのである。「デジタル環境の進展により「記憶機関」の集約(それら機関がそもそも統合体であったことを考えると再集約というのが正しいかもしれない)が進むにつれ、その重複度合いは増していく」という指摘が[20]、

今後の方向を端的に表しているのではないか。

　この2つの呪縛から解放されたとき、真に利活用しやすいデジタル基盤が整備され、それを背景に「デジタル公共文書」の社会が到来するだろう。そしてそれは場合によっては、「文書」という媒体からも解放され、デジタル公共資料と呼ばれるようになるのかもしれない。

注
1)　福島幸宏 (2022)「アーカイブズを巡る現状と課題」『歴史学研究』1026.
2)　三木由希子 (2019)「公文書管理法及びガイドラインの問題点」『公文書管理 ――民主主義の確立に向けて』日本弁護士連合会法律サービス展開本部自治体等連携センター情報問題対策委員会編, 明石書店.
3)　毎日新聞取材班 (2020)『公文書危機　闇に葬られた記録』毎日新聞出版.
4)　内田朋子 (2022)「「デジタル改革」「デジタル政策」の未来を考える ――フォーラム「図書館とデジタルメディア、融合の可能性」実施報告と参加感想」『デジタルアーカイブ学会誌』6(2).
5)　山川道子 (2018)「プロダクション・アイジーの現場から見たアニメーション・アーカイブの現状と課題」『カレントアウェアネス』337.
6)　苫屋早百合・小林慎太郎 (2021)「「デジタルアーカイブ産業」の萌芽と期待」『デジタルアーカイブ・ベーシックス5　新しい産業創造へ』時実象一監修, 久永一郎責任編集, 勉誠出版.
7)　村野正景・和崎光太郎編 (2019)『みんなで活かせる!学校資料 ――学校資料活用ハンドブック』京都市学校歴史博物館.
8)　東京基督教大学教会アーカイブズ研究会編 (2010)『教会アーカイブズ入門 ――記録の保存と教会史編纂の手引き』いのちのことば社.
9)　プランパー, ヤン (森田直子監訳) (2020)『感情史の始まり』みすず書房.
10)　楽奕平 (2019)「官民データのオープン化政策の変遷とデータ活用の社会的意義に関する一考察」『イノベーション・マネジメント』16.
11)　デジタル庁「政策」(https://www.digital.go.jp/poliies/) (最終アクセス：2023年9月1日)
12)　水本邦彦 (2019)『海辺を行き交うお触れ書き　浦触の語る徳川情報網』吉川

弘文館.

13)　宮地正人(1998)『幕末維新期の社会的政治史研究』岩波書店.

14)　奈良勝司(2018)『明治維新をとらえ直す――非「国民」的アプローチから再考する変革の姿』有志舎.

15)　藪田貫(2016)『新版　国訴と百姓一揆の研究』清文堂.

16)　東島誠(2000)『公共圏の歴史的創造――江湖の思想へ』東京大学出版会.

17)　国文学研究資料館史料館編(2003)『アーカイブズの科学』柏書房.

18)　福島幸宏(2023)「コレクション」『図書館情報学事典』日本図書館情報学会編, 丸善出版.

19)　根本彰編(2013)『情報資源の社会制度と経営』東京大学出版会.

20)　ボーデン，デビッド、ロビンソン，リン(田村俊作・塩崎亮訳)(2019)『図書館情報学概論』勁草書房.

執筆者一覧

責任編集

福島幸宏(ふくしま・ゆきひろ)

1973年生まれ。慶應義塾大学文学部准教授。

専門はデジタルアーカイブ、図書館情報学、アーカイブズ、日本近現代史。

主な著書に『デジタル時代のアーカイブ系譜学』(共著、みすず書房、2022年)、『占領期の都市空間を考える』(共著、水声社、2020年)、『デジタル文化資源の活用——地域の記憶とアーカイブ』(共著、勉誠出版、2011年)などがある。

執筆者(掲載順)

古賀 崇(こが・たかし)

1974年生まれ。天理大学人間学部(図書館司書課程)教授。

専門は政府情報論、図書館情報学、アーカイブズ学、記録管理学。

主な著書に『図書館情報学事典』(編集委員・項目執筆、丸善出版、2023年)、『アーカイブズとアーキビスト——記録を守り伝える担い手たち』(共著、大阪大学出版会、2021年)、『デジタル・アーカイブとは何か——理論と実践』(共著、勉誠出版、2015年)などがある。

瀬畑 源(せばた・はじめ)

1976年生まれ。龍谷大学法学部准教授。

専門は日本近現代政治史。

主な著書に『公文書管理と民主主義』(岩波ブックレット、2019年)、『公文書問題　日本の「闇」の核心』(集英社新書、2014年)、編著に『昭和天皇拝謁記　初代宮内庁長官田島道治の記録』全7巻(岩波書店、2021〜23年)などがある。

加藤 諭(かとう・さとし)
1978年生まれ。東北大学史料館准教授。
専門は歴史学、アーカイブズ学。
主な著書に『デジタル時代のアーカイブ系譜学』(編著、みすず書房、2022年)、
『大学アーカイブズの成立と展開——公文書管理と国立大学』(吉川弘文館、
2019年)、『戦前期日本における百貨店』(清文堂出版、2019年)などがある。

山本唯人(やまもと・ただひと)
1972年生まれ。法政大学大原社会問題研究所特任准教授。
専門は都市・地域社会学、災害社会学。
主な著書・論文に『空襲体験記の原稿を読み、継承する——東京空襲を記録
する会・東京空襲体験記原稿コレクションのデジタル化とその読解』(編著、
戦災誌研究会、2022年)、『泊里記念誌』(編著、「社会と基盤」研究会、2019
年)、「公害資料の活用を促す仕組み——環境アーカイブズの活動から」(『公
害経験を未来につなぐ——教育・フォーラム・アーカイブズを通した公害資
料館の挑戦』ナカニシヤ出版、2023年)などがある。

林 和弘(はやし・かずひろ)
1968年生まれ。文部科学省科学技術・学術政策研究所データ解析政策研究
室長。
専門はオープンサイエンス、学術情報流通。
主な著書・論文に『オープンサイエンスにまつわる論点——変革する学術コ
ミュニケーション』(共著、樹村房、2023年)、『図書館情報学事典』(オープ
ンサイエンス項、丸善出版、2023年)、How Could COVID-19 Change Scholar-
ly Communication to a New Normal in the Open Science Paradigm?, *Patterns*, 2(1),
2021などがある。

武田和也(たけだ・かずや)

1976年生まれ。国立国会図書館司書。

専門は地域資料、日本近世史。

主な記事・論文に「百鳥図――雪斎の画、ほとんど諸侯の技量に非ざるなり」(『国立国会図書館月報』739、2022年)、「東豐子――描かれた男装の女官」(『国立国会図書館月報』711・712、2020年)、「近年の公立図書館による出版活動の概要――定期刊行物を中心に」(『カレントアウェアネス』339、2019年)などがある。

南山泰之(みなみやま・やすゆき)

1983年生まれ。国立情報学研究所オープンサイエンス基盤研究センター特任教授。

専門は情報学。

主な著書・論文に『オープンサイエンスにまつわる論点――変革する学術コミュニケーション』(編集、樹村房、2023年)、Toward the Development of NII RDC Application Profile Using Ontology Technology, *In Proceedings of the Conference on Research Data Infrastructure*, 1, 2023、Preserving and Utilising an Arctic Research Image Collection: The Making of a New Publishing Platform at the National Institute of Polar Research, *Library and Information Studies for Arctic Social Sciences and Humanities*, Acadia, S. & Fjellestad, M. T. (Eds.), Routledge, 2020 などがある。

菊池信彦(きくち・のぶひこ)

1979年生まれ。大学共同利用機関法人人間文化研究機構国文学研究資料館特任准教授。

専門は西洋史学(スペイン近現代史)、デジタルヒストリー、デジタルパブリックヒストリー。

主な著書に『19世紀スペインにおける連邦主義と歴史認識――フランシスコ・

ピ・イ・マルガルの生涯とその思想』(関西大学出版部、2022年)、Practices and Challenges of Popularising Digital Public Humanities During the COVID-19 Pandemic in Japan, *The Palgrave Handbook of Digital and Public Humanities*, Schwan, A. & Thomson, T. (Eds.), Palgrave Macmillan, 2022、共著に「デジタルパブリックヒストリーの実践としての「コロナアーカイブ＠関西大学」(『デジタルアーカイブ学会誌』5(1)、2021年)などがある。

責任編集

福島 幸宏(ふくしま・ゆきひろ)

1973年生まれ。慶應義塾大学文学部准教授。
専門はデジタルアーカイブ、図書館情報学、アーカイブズ、日本
近現代史。
主な著書に『デジタル時代のアーカイブ系譜学』(共著、みすず
書房、2022年)、『占領期の都市空間を考える』(共著、水声社、
2020年)、『デジタル文化資源の活用—地域の記憶とアーカイブ』
(共著、勉誠出版、2011年) などがある。

デジタルアーカイブ・ベーシックス

ひらかれる公共資料
「デジタル公共文書」という問題提起

2023 年 11 月 10 日　初版発行

責任編集　福島幸宏
発 行 者　吉田祐輔
発 行 所　㈱勉誠社
　　　　　〒 101-0061　東京都千代田区神田三崎町 2-18-4
　　　　　TEL：(03)5215-9021(代)　FAX：(03)5215-9025

印　刷　三美印刷㈱
製　本
組　版　デザインオフィス・イメディア (服部隆広)

ISBN978-4-585-30303-9　C1000

デジタルアーカイブ・
ベーシックス

共振するデジタル
人文学とデジタル
アーカイブ

デジタル人文学とデジタルアーカイブ
（DA）それぞれの成果が、直接的・間
接的に両分野の発展につながること
を、DHとDAの研究者・専門家によ
る論考によって示そうと試みた一冊。

鈴木親彦 責任編集
本体 3,200 円（＋税）

デジタルアーカイブ・
ベーシックス

知識インフラの
再設計

デジタルアーカイブの制度や仕組みに
スポットをあて、法律、教育、経営、
経済などさまざまな分野の専門家によ
る論考から、知識インフラを「再設
計」する。

数藤雅彦 責任編集
本体 3,200 円（＋税）

デジタルアーカイブ・
ベーシックス 1

権利処理と
法の実務

著作権、肖像権・プライバシー権、所
有権…。デジタルアーカイブをめぐる
「壁」にどのように対処すべきか。
デジタルアーカイブ学会第2回学会賞
（学術賞）受賞！

福井健策 監修
数藤雅彦 責任編集
本体 2,500 円（＋税）

デジタルアーカイブ・
ベーシックス 2

災害記録を
未来に活かす

博物館、図書館のみならず、放送局や
新聞社など、各種機関・企業が行なっ
ているデジタルアーカイブの取り組み
の実例を紹介。記録を残し、伝えてい
くこと、デジタルアーカイブを防災に
活用することの意義をまとめた一冊。

今村文彦 監修
鈴木親彦 責任編集
本体 2,500 円（＋税）

デジタルアーカイブ・
ベーシックス 3

自然史・理工系
研究データの活用

高等教育機関、自然史・理工系博物
館、研究機関が開発・運用している
データベースや Web サイトを紹介し、
天文学、生物学など、自然科学分野の
取り組みを一望。デジタルアーカイブ
学会第 4 回学会賞（学術賞）受賞！

井上透 監修
中村覚 責任編集
本体 2,500 円（＋税）

デジタルアーカイブ・
ベーシックス 4

アートシーンを
支える

日本の芸術分野におけるデジタル対応
の概要・現状から問題点まで、美術館、
博物館などの事例をもとに、幅広く紹
介。美術のみならず、音楽、舞踏、服
飾のアーカイブの事例も掲載。アート
アーカイブの実状を知るための一冊。

高野明彦 監修
嘉村哲郎 責任編集
本体 2,500 円（＋税）

デジタルアーカイブ・
ベーシックス 5

新しい産業創造へ

日本の企業はデジタルアーカイブをど
のように利活用し、それをビジネスに
昇華しているのか？
先進的な企業の取組みを紹介すること
で、産業におけるデジタルアーカイブ
の可能性を探る。

時実象一 監修
久永一郎 責任編集
本体 2,500 円（＋税）

入門
デジタル
アーカイブ
まなぶ・つくる・つかう

デジタルアーカイブの設計から構築、
公開・運用までの全工程・過程を網羅
的に説明する、これまでにない実践的
テキスト。
これを読めば誰でもデジタルアーカイ
ブを造れる！

柳与志夫 責任編集
本体 2,500 円（＋税）

ライブラリーぶっくす
調べ物に役立つ
図書館の
データベース

図書館で使える便利なツールと、その使用方法を紹介。OPACや、キーワードを使った検索方法についても、やさしく解説。Webで使える無料のデータベースも紹介。これまでになかったデータベースの使い方の入門的ガイドブック！

小曽川真貴 著
本体 1,800 円（＋税）

デジタル
アーカイブの
新展開

文化財のデジタル化や、映画・新聞・テレビ・ウェブなどメディアのデジタルアーカイブ、3DやAIを始めとする革新的技術の動向など、具体的な事例を豊富な図とともに紹介。デジタルアーカイブの現状をわかりやすく解説した一冊！

時実象一 著
本体 2,100 円（＋税）

ライブラリーぶっくす
市民とつくる
図書館
参加と協働の視点から

市民が図書館活動に参加・協働する状況を「市民とつくる図書館」と捉えて、関係者として携わった方々による具体的な取り組みを紹介。各図書館の開館に至るプロセスを明らかにする。

青柳英治 編著
本体 2,000 円（＋税）

ライブラリー
学校図書館学 1
読書と
豊かな人間性

高校生を中心としたヤングアダルトの読書離れが、国内外で深刻な社会問題となっている。本書では、より広い視野から子どもの読書の実情や読書環境を捉え、学校図書館の活用による読書教育のあり方について論じる。

金沢みどり・河村俊太郎 著
本体 2,500 円（＋税）

日米交流史の中の福田なをみ
「外国研究」とライブラリアン

日本の図書館界とアメリカの学界・図書館界との接点をつとめた福田なをみの足跡と役割を明らかにし、日米交流史の文脈から、ライブラリーという場を磁場とし、「外国研究」の初発期の展開したかを明らかにする。

小出いずみ 著
本体 7,000 円（＋税）

日本占領期の学校図書館
アメリカ学校図書館導入の歴史

終戦以後、連合国の占領下に置かれた日本で行われた教育改革。今につながる学校図書館の歴史を見通しながら、学校教育と図書館がどう連携できるのか、その課題と未来像を問う。

今井福司 著
本体 5,000 円（＋税）

ライブラリーぶっくす
図書館の日本史

図書館はどのように誕生したのか？歴史上の人物たちはどのように本を楽しみ、収集し、利用したのか？　古代から現代まで、日本の図書館の歴史をやさしく読み解く、はじめての概説書！

新藤透 著
本体 3,600 円（＋税）

ライブラリーぶっくす
専門図書館探訪
あなたの「知りたい」に応えるガイドブック

全国の特色ある 61 の図書館を文章とカラー写真で案内。アクセス方法や開館時間、地図など便利な情報付き。知的好奇心を満たす図書館が見つかる一冊！

青柳英治・長谷川昭子 共著
専門図書館協議会 監修
本体 2,000 円（＋税）

ライブラリーぶっくす
世界の
図書館から
アジア研究のための
図書館・公文書館ガイド

膨大な蔵書や、貴重なコレクションを
有する代表的な45館を世界各地から
精選・紹介。
現地での利用体験に基づいた、待望の
活用マニュアル！

U-PARL 編
本体 2,400 円（＋税）

公文書管理法
時代の自治体と
文書管理

公文書の管理をめぐり、自治体はどの
ように対処し、いかなる問題が新たに
生じているのか。アーカイブズ学／歴
史学／法学の研究者、そしてアーキビ
ストが集い、都道府県の取り組みの実
際を検討し、これからを展望する。

宮間純一 編
本体 6,000 円（＋税）

近世・近現代
文書の保存・
管理の歴史

幕府や藩、村方、商家等の文書、公文
書や自治体史料などの歴史資料、修復
やデジタルアーカイブなどの現代的課
題に焦点を当てて、保存・管理システ
ムの実態と特質を解明。

佐藤孝之・三村昌司 編
本体 4,500 円（＋税）

パブリック・
ヒストリー入門
開かれた歴史学への挑戦

歴史学や社会学、文化人類学のみなら
ず、文化財レスキューや映画製作等、
さまざまな歴史実践の現場より、歴史
を考え、歴史を生きる営みを紹介。
日本初の概説書！（オンデマンド版）

菅豊・北條勝貴 編
本体 4,800 円（＋税）

地方史誌から
世界史へ
比較地方史誌学の射程

「ある地方（地域）を描くこと」という人間の普遍的営みに着目し、各地域の地方史誌形成・再解釈における歴史的展開を検討・比較。地域・領域を越えて、相互の関係性を検討するための視角を提示する画期的な一書。

小二田章 編
本体 8,000 円（＋税）

地域と人びとを
ささえる資料
古文書からプランクトンまで

地域社会を形成する紐帯としての資料のあり方に着目し、文献、写真、伝承、地名、自然史資料など多種多様な地域資料の保存・保全、活用の現場での経験から、地域と人びとと、資料と社会との関係の未来像を探る。

神奈川地域資料保全ネットワーク 編
本体 3,500 円（＋税）

日本近世都市の
文書と記憶

情報の伝達・蓄積媒体である文書。特にヒト・モノの結節点である都市においては、膨大な量の文書を作成・授受・保管してきた。文書の保管と記憶の創生という観点より、近世都市の歴史叙述のありかたを考察する。

渡辺浩一 著
本体 9,000 円（＋税）

渋沢敬三と
竜門社
「伝記資料編纂所」と
「博物館準備室」の日々

渋沢敬三が創設を企図した実業史博物館事業は、竜門社（現・渋沢栄一記念財団）を通じて行われた。当事者の日記や竜門社の諸資料を精査、社史・実業史研究、アーカイブ構築の知見に満ちた敬三の人間像を浮き彫りにする。

大谷明史 著
本体 2,800 円（＋税）

大宅壮一文庫
解体新書
雑誌図書館の全貌と
その研究活用

膨大な雑誌のコレクションを基礎とし
て設立された大宅壮一文庫。開設から
50年を迎える文庫について、概要か
ら、その誕生の歴史、そして文庫を活
用した研究の実践例まで、すべてを網
羅した解説書。

阪本博志 編
本体 3,500 円（＋税）

書物学　第 24 巻
100年くらい前の
本づくり
近代日本の製本技術

近代初期洋装本の解体調査・書誌調査
から見えてくる製本の裏側、和装から
洋装へと移行する過渡期の書物のあり
様を具に検討することにより、日本に
おける洋装本定着の端緒を明らかにす
る。

編集部 編
本体 2,000 円（＋税）

書物学　第 23 巻
文化財をつなぐ
ひと・もの・わざ
香雪美術館書画コレクション
を支える装潢修理の世界

文化財を次世代へとつなぐために、研
究者、装潢師の人びとは、何を考え、
どのように行動してきたのか。香雪美
術館の修理事業を紐解き、文化財を考
えるための新たな視点を提示する。

編集部 編
本体 1,800 円（＋税）

書物学　第 21 巻
活字
近代日本を支えた
小さな巨人たち

「活字」はどのようにその相貌をかえ、
人びとの生活の中に息づいていったの
か─。印刷と文字に関わるさまざまな
分野で活躍する執筆陣により、人びと
と「活字」の紡いだ歴史を照らし出
す。

編集部 編
本体 1,800 円（＋税）